La Société d'Encouragement pour l'Industrie Nationale

De la révolution industrielle à la renaissance industrielle

Entretien avec
Olivier Mousson
Président de la Société d'Encouragement pour l'Industrie Nationale
Propos recueillis par Marie-Hélène Arbus et Claude Pommereau

«Une longue histoire au service d'une vision d'avenir»

La SEIN a plus de 200 ans d'existence. Pouvez-vous nous rappeler dans quel contexte elle a été créée et pour quelle finalité ?

O. M. : En 1801, Bonaparte se rend compte que la France a pris environ 25 ans de retard dans la première révolution industrielle, retard qu'il faut rattraper en encourageant une reconquête économique du pays par l'innovation. Il observe l'Angleterre qui, cinquante ans auparavant, a su réunir scientifiques, industriels, politiques et fonctionnaires dans une association indépendante, la Royal Society of Arts, afin de réfléchir à la manière dont les inventions de l'âge préindustriel allaient changer la société. La France va s'inspirer de ce modèle en réunissant entrepreneurs et grands esprits de l'époque, afin d'observer les évolutions engendrées par les innovations, en France comme hors des frontières. Il ne s'agit rien moins que d'inventer une nouvelle manière de développer l'industrie nationale, en mettant la diffusion des innovations au cœur de cette reconquête. La première réunion a lieu à la mairie de Paris avec Bonaparte, alors Premier Consul, et son ministre de l'Intérieur et du Commerce, et par ailleurs éminent scientifique, Jean-Antoine Chaptal, qu'il charge de la fondation de cette société d'un nouveau genre. Dès l'origine, il ne s'agit donc pas de créer une nouvelle administration, mais bien d'impliquer ce que l'on nommerait aujourd'hui la « société civile ».

À l'époque, les associations telles que nous les connaissons aujourd'hui n'existent pas encore, puisqu'il faudra attendre un siècle pour voir poser le cadre juridique de l'association loi de 1901. Il s'agit plutôt, de « faire société », de bâtir un écosystème favorable à l'éclosion du monde de demain.

Bonaparte avait confié à Chaptal un an auparavant l'élaboration de la loi du 28 pluviôse an VII (1er février 1800) « concernant la division du territoire de la République » et instituant la fonction de préfet. Chacun de ces représentants de l'État est invité à « prendre sa carte » dans la nouvelle Société, c'est-à-dire à prendre une action. Ils seront très vite mille associés, parmi lesquels Lafayette, Monge, ou l'Abbé Grégoire, unis dans la réflexion et l'échange sur l'avenir économique et social du pays.

La dimension sociale a donc été intégrée dès l'origine dans les missions de la SEIN ?

O. M. : En effet, nous avons été précurseurs dans ce domaine, en pointe notamment sur l'interdiction du travail des enfants et, plus généralement, avons toujours fait de la formation l'une de nos priorités. Jean-Baptiste Dumas, qui fut le troisième président de la Société, a fondé l'École centrale ; l'Abbé Grégoire a créé le CNAM ; et les premiers cours de Sciences Po ont eu lieu ici. La préoccupation sociale et éducative existait bien dès l'origine, et cela perdure. Nous venons de sortir un baromètre de l'industrie qui procure une information essentielle et décisive. Nous réfléchissons beaucoup à l'acceptabilité de l'industrie dans la société, et aux moyens de la favoriser, car c'est pour nous un facteur primordial de son développement et de son avenir.

Aujourd'hui, la Société incarne-t-elle toujours les mêmes valeurs qu'à sa création ?

O. M. : Il me semble que cela n'a pas changé. Nous sommes les descendants des Lumières. Nous croyons au progrès technique, à l'innovation,

Dans l'entrée de l'Hôtel de l'Industrie trônent les bustes de fondateurs de la Société d'Encouragement, dont Gaspard Monge (*à gauche*), mathématicien et fondateur de l'École polytechnique, et Nicolas Jacques Conté, peintre, physicien et chimiste connu pour avoir inventé le crayon.

au fait que demain sera meilleur. Aujourd'hui, des voix s'interrogent : le progrès technique est-il contre l'Homme ? Pour notre part, nous croyons que le progrès technique permet de mieux vivre. Toutefois, à chaque révolution industrielle, nous devons réinventer le rapport de l'Homme à la technique et à son environnement : à l'automatisation au XXe siècle, à l'intelligence artificielle aujourd'hui. Toute avancée technique pose de nouvelles questions, mais il en demeure une, toujours la même, c'est la façon dont les hommes se l'approprient et vivent avec. Notre force et notre spécificité, c'est de savoir aborder ces questions en réunissant des scientifiques et des politiques, des hauts fonctionnaires et des chefs d'entreprise, dans une France qui a toujours fonctionné en silo.

Comment réunir tant de visions différentes sans qu'une voix l'emporte sur une autre ?

O. M. : N'oublions pas qu'à sa création, il n'existait pas en France, pays éminemment rural, de ministère de l'Industrie ; il fallait tout inventer et le choix de suivre l'exemple anglais s'est révélé particulièrement judicieux. Les statuts de la Société ont préservé son indépendance vis-à-vis des pouvoirs tant publics que privés et financiers. Nous sommes transpartisans. Peu d'institutions sont, à la fois, indépendantes des subventions, du privé et de toute idéologie, sauf, peut-être de la philosophie des Lumières.

Il y a donc une grande permanence dans la philosophie de la SEIN. Qu'en est-il de son fonctionnement ?

O. M. : Nous avons conservé le même nom et les mêmes statuts. Concernant notre organisation interne, certains de nos comités existent depuis l'origine : Comités des Arts chimiques, des Arts économiques, du Commerce. Plus tard furent créés le Comité Constructions et Beaux-Arts, puis celui des Arts physiques. Et, en 1996, mon père a ajouté un Comité Communication et Formation. Tous les jours, on me sollicite pour créer un Comité du Digital, un Comité de la Santé... Mais nous essayons de conserver notre base initiale.

Il existait, au départ, une Commission des fonds. Dès 1801, la Société a reçu des fonds de la part d'entreprises privées, dans l'optique de développer des innovations sur lesquelles elles souhaitaient travailler ; elles étaient prêtes à investir dans ces domaines, à condition de pouvoir bénéficier d'avantages fiscaux ou d'une certaine reconnaissance. En 1824, la SEIN est le premier organisme indépendant reconnu d'utilité publique. C'est un événement à la fois très fort et très fondateur, dont nous allons célébrer le bicentenaire en 2024.

À l'époque, le CNRS n'existait pas, mais il y avait l'Académie des sciences, avec qui nous partagions la responsabilité de recevoir des plis cachetés (l'ancêtre du dépôt de brevets). Il fallait bien qu'une institution se charge de lancer des appels à projets et c'est que nous faisions. À l'époque, la Société d'Encouragement fut précurseur sur ces sujets. Hier encore, Sophie Sidos-Vicat, qui est vice-présidente du Groupe Vicat, me rappelait l'histoire de son aïeul Louis Vicat, qui inventa le ciment artificiel en 1817 : il vivait frugalement, et ne voulait pas déposer de brevet, car il souhaitait que son invention demeure dans le domaine public. Pour lui permettre de travailler sur ses recherches, la Société lui a accordé une bourse, puis lui a fait voter une rente à vie octroyée par l'État, comme cela se fait pour les « Trésors Nationaux Vivants » au Japon. Certes, au fil du temps, la situation a évolué, car la puissance publique s'est de plus en plus intéressée à l'économie.

Dès lors que l'État s'est investi de plus en plus dans l'économie ou l'innovation, comment ont évolué les missions de la SEIN ?

O. M. : Par principe, nous n'intervenons que là où nous pouvons être utiles et remplir pleinement notre mission d'utilité publique. Nous jouissons encore de ce patrimoine, de cette légitimité. Nous tentons de déceler les endroits où se trouvent les manques, les carences. La transmission nous intéresse, les jeunes aussi nous intéressent. Nous pensons qu'aujourd'hui il faut faire en sorte que la jeunesse croie en la réindustrialisation de la France. Notre rôle consiste à les encourager à se tourner vers l'industrie, les progrès techniques. Dans « encouragement » figure le terme « courage ». « Courage » vient de « cœur ». Nous pensons que nous devons permettre à toute personne de réaliser ce qu'elle

Jean-Dominique Senard (Renault), Bernard Charlès (Dassault Systèmes), Grand Chaptal de l'Industrie, et Olivier Mousson, président de la Société d'Encouragement pour l'Industrie Nationale.

porte dans le cœur, ce qu'elle a envie d'imaginer. Concevoir le monde de demain, c'est se figurer le lieu de l'innovation, le lieu où tout est possible.

Votre mission, pour aujourd'hui et pour demain, est donc d'accompagner les jeunes, de les intéresser à l'industrie, de les guider dans leurs projets ?

O. M. : Nous encourageons les jeunes à visiter les usines, qui sont le cœur du progrès. Nous avons créé un Prix de la Photographie industrielle, en association avec les lycées et les collèges. Et pour ceux qui sont prêts à se lancer dans l'industrie, nous mettons à disposition notre espace, nos réseaux, un financement pour les aider à monter leur entreprise, ou bien à entrer dans des entreprises industrielles qui ont du mal à recruter. Nous arrivons à un moment aussi important et décisif qu'en 1801, où nous changeons de paradigme, où nous sommes en plein questionnement. Il faut que les jeunes se saisissent de ce moment. Nous avons les ressources, nous pouvons les aider. Nous sommes là pour imaginer demain.

Vous avez une politique très active de remise de prix. Comment cela fonctionne-t-il et quelle en est la finalité ?

O. M. : Il nous paraît important et nécessaire de récompenser celles et ceux qui, par leurs actions, participent au développement de l'industrie française et à son rayonnement. Mais ces récompenses servent aussi à mettre la lumière sur des parcours exemplaires, sur des modèles dont les futures générations peuvent s'inspirer.

La SEIN a été un acteur majeur des premières Expositions universelles. Que reste-t-il aujourd'hui de cette vocation internationale ?

O. M. : Dès notre création, nous avons eu une vision internationale. Notre première tâche était de repérer les innovations en France et d'échanger avec les autres pays du monde. Comme nous étions en retard, nous devions encourager ce qui était innovant en France, tout en observant ce qui se passait à l'étranger et, si cela nous paraissait intéressant, le montrer ici, pour essayer d'en implanter l'idée sur le sol français. La dimension internationale était donc très forte. La Société d'Encouragement fut d'ailleurs un acteur décisif des premières Expositions universelles qui étaient alors des événements considérables. Nous avons toujours aujourd'hui un fonds qui nous permet de promouvoir des projets qui ne sont pas uniquement franco-français : le programme Franco-Fil, qui est à la fois un réseau de partage d'expériences et d'initiatives entrepreneuriales et un lieu d'accompagnement de projets dans l'espace de la francophonie, en Afrique, au Canada, en Belgique. Cela fait partie des axes de développements futurs, sur lesquels nous travaillons.

Vous nous disiez que la notion de territoire était présente dès l'origine. Qu'en est-il aujourd'hui ?

O. M. : C'est toujours central ! Il faut sortir de Saint-Germain-des-Prés, car ce n'est pas là que se trouve l'industrie. Lors de mes années au ministère de l'Industrie, j'ai constaté que la force des Allemands et des Italiens avait été de générer des clusters d'industrie sur tout leur territoire. J'ai voulu créer des écosystèmes dans les régions, et réunir tous les acteurs qui ne se parlent pas forcément, qui ne se rencontrent pas toujours. Nous servons de catalyseur en mettant en relation opérateurs de terrain, entrepreneurs locaux et universités afin de réfléchir ensemble aux défis de l'avenir industriel, mais aussi de mettre en lumière des pratiques et d'échanger les expériences des acteurs régionaux.

Comment voyez-vous le monde de demain ? Et la place de la SEIN ?

O. M. : Il ne s'agit pas seulement de réorganiser, de décarboner, mais de mettre en place une nouvelle industrie. Nous arrivons à un moment où il faut que le public et le privé se retroussent les manches pour entamer cette révolution. Ni l'un ni l'autre n'y parviendront seuls. Il y a dans ce paysage de la place pour des tiers lieux, d'où peuvent émerger des idées nouvelles. Beaucoup d'organisations s'intéressent avant tout aux problèmes de la santé, du social, de l'écologie... mais beaucoup moins aux problèmes économiques. Les organismes comme le nôtre ont donc une place. Ils peuvent être des tiers acteurs qui permettent de réunir les acteurs publics et privés, en faisant disparaître la barrière qui les sépare aujourd'hui, surtout dans l'opinion publique. Nous travaillons beaucoup sur ces enjeux de transition économique, sociétale, technologique, numérique et environnementale, au travers d'échanges permanents entre chercheurs, entrepreneurs et étudiants. Ce qui se passe aujourd'hui avec les nouveaux outils technologiques donne beaucoup plus de place à l'innovation, mais aussi aux artistes, aux designers, aux créatifs, à ceux qui sont capables d'inventer quelque chose. Je suis naturellement optimiste, je pense donc que l'homme sera toujours à la première place, devant la machine, fût-elle Chat GPT. Tous ceux qui ont envie de créer sont les bienvenus ici, à l'Hôtel de l'Industrie.

Une aventure vieille de plus de deux siècles

La grande histoire de la Société d'Encouragement

Raphaël Turcat

CI-DESSUS, À GAUCHE
Le baron Joseph Marie de Gérando.
Gravure du XIXe siècle.

CI-DESSUS, À DROITE
Hôtel de Ville de Paris.
Illustration provenant de The History of France par Thomas Wright, vers 1870.

CI-CONTRE
Anicet-Charles Lemonnier
Portrait de Jean-Antoine Chaptal
XIXe siècle.
Coll. musée d'histoire de la médecine, Paris

1801

La naissance, un plaidoyer pour l'innovation

Hôtel de Ville de Paris, 9 brumaire an X (31 octobre 1801). Joseph-Marie de Gérando, anthropologue et linguiste, membre du Conseil général d'Agriculture, Arts et Commerce de l'Institut national, monte à la tribune devant un parterre d'une centaine de personnes. Tout le gratin est là : savants (Claude-Louis Berthollet), hauts fonctionnaires (Claude Anthelme Costaz), experts techniques (Joseph Montgolfier), hommes d'affaires (Benjamin Delessert, Jean-Frédéric Perregaux)… Le président Jean-Antoine Chaptal s'étant fait excuser, c'est Gérando qui est chargé de lire le discours fondateur de la Société d'Encouragement pour l'Industrie Nationale. « Le premier moyen de favoriser l'industrie consiste à l'éclairer par l'instruction, à la délivrer des entraves de la routine, à la mettre à portée d'employer à son avantage toutes les inventions du génie, s'exclame-t-il. Mais, pour éclairer les artistes, il faut les réunir, les mettre en rapport entre eux, les mettre en rapport avec les savants, et fonder ainsi l'alliance de la pratique et des théories. »

Plus loin, celui qui deviendra baron d'Empire huit ans plus tard précise : « S'il importe de propager les découvertes existantes, il n'importe pas moins de provoquer les découvertes nouvelles. Ces découvertes exigent des recherches, des essais, des tentatives, qui sont souvent au-dessus des facultés de celui qui les propose : il faut donc aussi des encouragements puissants, mais sages, qui ne soient qu'une aide pour le génie, et jamais une faveur pour l'intrigue. » Un tonnerre d'applaudissements salue l'envolée. La Société d'Encouragement pour l'Industrie Nationale est née.

Andrea Appiani
Portrait de Napoléon Bonaparte, Premier Consul
1803.
Coll. particulière

1802-1852
Les initiatives et les actions en faveur de l'industrie se multiplient

Derrière cette naissance transparaît la volonté d'un homme, Napoléon Bonaparte, bien décidé à remettre en ordre une France économiquement sens dessus dessous au sortir de la période révolutionnaire. Le Premier Consul a assigné à Jean-Antoine Chaptal, son ministre de l'Intérieur, le soin de relancer son économie et de lui donner les cadres indispensables à son développement. Il faut agir vite : la rivalité, alors pacifique, avec les Anglais tourne en leur faveur. Et la Royal Society of Arts, fondée en 1754, sert d'inspiration et de modèle à la Société d'Encouragement.

Sa notoriété s'étend très rapidement grâce à sa politique de communication. À partir de 1802, la création de son *Bulletin* lui ouvre une audience nationale et internationale. Illustré d'une multitude de dessins techniques – le *Bulletin* utilisera dès sa création des gravures sur bois –, débordant de comptes rendus des activités de la Société d'Encouragement, de rapports sur les procédés et les produits qu'elle étudie, d'articles techniques, de bibliographies et de listes de brevets, cette publication devient la bible de toutes les âmes souhaitant monter dans le train de l'industrie naissante. Les adhésions affluent par centaines à travers toute la France, notamment sous la Restauration. En 1824, la Société d'Encouragement est la première association reconnue d'utilité publique par une ordonnance royale de Louis XVIII, un événement fondateur qu'elle commémore en 2024. Mieux : grâce aux multiples concours qu'elle organise – notamment pour soutenir la photographie naissante des années 1830 –, l'institution devient une référence et un modèle pour de nombreuses autres sociétés. Un peu partout en France et en Europe naissent des organismes réunissant des experts scientifiques et techniques au service du développement économique, telles la Société industrielle de Mulhouse en 1826, la Société industrielle de Rouen en 1872, ou encore la Société industrielle de l'Est en 1883.

1852-1870
Un « hub » de sociétés savantes

Dans un monde où l'on ne parle que machines à vapeur, chemin de fer, industrie textile et sidérurgique, l'enjeu du tout neuf Second Empire consiste à introduire des procédés ou des fabrications de produits méconnus tout en incitant les entrepreneurs français à développer leurs propres productions. Souhaitant constituer un puissant réseau, et doter la Société d'un siège plus vaste et plus prestigieux dont elle serait propriétaire, le président Jean-Baptiste Dumas décide de délaisser les hôtels particuliers du faubourg Saint-Germain pour emménager, le 28 janvier 1852

Jean-Baptiste Dumas.
Gravure du XIXe siècle.

au 4 place Saint-Germain-des-Prés, en face de l'église abbatiale du même nom.

Doté d'une façade sobre et de quatre salles de réunion, l'Hôtel de l'Industrie – qui prendra sa forme actuelle en 1874 – est aménagé pour accueillir ses membres éminents mais aussi les grandes séances de ses comités spécialisés – mécanique, chimie, agriculture, biens de consommation, commerce, constructions et beaux-arts. La Société d'Encouragement devient un puissant laboratoire de l'innovation. Les chercheurs s'y pressent, on y donne de prestigieuses conférences, des démonstrations et des expériences y sont organisées, on y expose les dernières inventions, de la « nouvelle lampe destinée à brûler les huiles lourdes des goudrons » aux appareils pour la fabrication de la céruse. Disposant de locaux plus vastes et centralisés, une équipe de rédacteurs professionnels s'affaire autour du *Bulletin*.

1870-1910
La seconde révolution industrielle

Défaite contre la Prusse, fin du Second Empire, Commune de Paris, Troisième République... Une France en proie à l'instabilité doit affronter un nouveau défi : la deuxième révolution industrielle. Au fil des années, de nouvelles sources d'énergie apparaissent : l'électricité, le gaz et le pétrole, très utile aux progrès de la chimie et de la mécanique, comme la mise au point du moteur à explosion à la fin du XIXe siècle. L'Hôtel de l'Industrie, rebâti en 1874, affiche un grand style – pierres de taille, deux pavillons latéraux, corps central rythmé par un porche semi-circulaire. La bibliothèque, conçue comme un grand centre de documentation scientifique et technique, ouvre en 1890 et va jouer un rôle primordial jusque dans les années 1920.

Jean-Baptiste Dumas, président de l'époque, désormais titulaire du fauteuil 40 à l'Académie française, prend conscience que l'époque est trop prolifique pour avoir un regard précis sur le nombre de procédés et de techniques qui apparaissent. Sa politique va donc consister à se placer en amont pour promouvoir la « science industrielle ». Chimie (les grandes avancées sur les colorants), arts du feu, métallurgie, photographie et cinéma, biochimie, lutte phytosanitaire, thermodynamique, aérodynamique, optique, aviation : la Société d'Encouragement décerne de grandes médailles et des prix fortement dotés aux grandes avancées scientifiques. La valeur des récompenses, des années 1870 jusqu'à la veille de la Première Guerre mondiale, s'élève à un million et demi de francs or. Au tableau d'honneur s'affichent les noms de Louis Vicat, Eugène Chevreul, Louis Pasteur, Ferdinand de Lesseps, Saint-Gobain, Gustave Eiffel, les frères Lumière, Édouard Branly...

Médaille offerte à la compagnie de gaz de Paris par la Société d'Encouragement pour l'Industrie Nationale, le 22 décembre 1882.
Gravée par Pierre-Joseph Tiolier.

1910-1950
L'apparition de l'entreprise moderne

Dans la lignée de la courte présidence d'Henry Le Châtelier (1904-1905), la Société d'Encouragement promeut l'« entreprise moderne », soit une entreprise capable de saisir les changements et de s'organiser rationnellement, de s'informer et d'innover. Surplombée dorénavant de la statue d'*Orphée charmant les bêtes sauvages* offerte par le sculpteur

Eugène Guillaume en 1888, l'Hôtel de l'Industrie devient un observatoire du monde du travail : conférences sur l'organisation scientifique du travail – la parcellisation des tâches, théorisée par Taylor –, accueil du Comité d'organisation rationnelle de Michelin... Entretemps, la Grande Guerre dévaste tout sur son passage. La Société encourage les entreprises à fabriquer des produits auparavant importés d'Allemagne et, après 1918, organise dans ses locaux un retour aux études d'ingénieur pour les démobilisés.

Mais ces épreuves n'ont en rien terni son rayonnement. La preuve : dans les années 1920, sous les présidences d'Augustin Mesnager ou d'Édouard Sauvage, la qualité de ses adhérents n'a jamais semblé aussi élevée. La France se modernise et la Société d'Encouragement joue un rôle central, en particulier dans le développement de la chimie de synthèse. Imperceptiblement, elle s'aligne pendant les années 1930 sur les positions du patronat et de nombreuses personnalités de la Confédération générale de la production française (CGPF) s'installent à sa direction. Mais les nuages s'amoncellent et l'ouragan de la Seconde Guerre mondiale va chambouler un monde de plus en plus fragile.

Outre Boris Vian *(ci-dessus)* et Juliette Gréco, le Club Saint-Germain, situé sous l'Hôtel de l'Industrie, a accueilli de grandes figures américaines du jazz, dont Duke Ellington, Miles Davis, Charlie Parker ou encore Kenny Clarke.

1950-2000

De la reconstruction à l'informatique

300 000 habitations détruites, des villes comme Brest, Le Havre ou Lorient rasées, d'innombrables infrastructures hors d'usage... Après le second conflit mondial, il faut à nouveau tout reconstruire. Affaiblie, la Société d'Encouragement ne baisse cependant pas les bras et s'autorise même l'accompagnement des tendances culturelles qui traversent la société. En 1947, elle loue un local souterrain à un groupe de jeunes gens parmi lesquels Boris Vian et Juliette Gréco : le Club Saint-Germain, situé sous l'Hôtel de l'Industrie, devient la cave de référence du jazz. Miles Davis, Duke Ellington ou Charlie Parker, fuyant la ségrégation aux États-Unis, y trouveront une scène accueillante.

Sous la présidence d'esprits brillants comme Albert Caquot ou Georges Darrieus, qui joue un rôle primordial dans l'installation de grands réseaux de distribution d'électricité, elle accompagne la reconstruction puis l'expansion des Trente Glorieuses. Les cycles de ses conférences convoquent les pontes des filières émergentes : nucléaire (le physicien Frédéric Joliot-Curie), transports (l'ingénieur Louis Armand), communication (René Barthélemy, pionnier de la télévision), aéronautique (Pierre Satre, père de la Caravelle), espace (le programme spatial français de 1967)... En 1951, la publication du *Cent Cinquantième Anniversaire* de la Société d'Encouragement pour l'Industrie Nationale et les problèmes actuels de l'économie française témoigne de la fonction de vigilance et d'examen de la Société vis-à-vis de l'économie et de l'industrie à une échelle nationale.

En 1973 et 1979, l'économie subit un coup de frein avec les deux chocs pétroliers. Comme la France, la Société d'Encouragement « n'a pas de pétrole mais a des idées » : elle s'interroge sur le modèle de développement suivi pendant la reconstruction, promeut les énergies alternatives, observe la relation entre l'agriculture et l'environnement... Mais ces questionnements ne remettent pas en cause son intérêt pour l'innovation. Alors que la France est frappée durement par la désindustrialisation, l'action de la Société s'oriente résolument vers la renaissance industrielle, en encourageant une nouvelle industrialisation. Il est temps d'entrer dans le XXIe siècle.

Les grands ancêtres de la SEIN

Six figures tutélaires

Ils sont chimistes, ingénieurs, inventeurs et ont en commun des carrières exceptionnelles et une ambition au service de la Société d'Encouragement. De Chaptal à Caquot, ils ont fait la SEIN.

Raphaël Turcat

Jean-Antoine Chaptal 1756-1832

Le visionnaire de l'industrie française

« Le génie de l'industrie est l'un des plus puissants ressorts de la prospérité des nations. » Cette pensée de Jean-Antoine Chaptal, chimiste et homme politique français du XVIIIe siècle, résume à la perfection son engagement dans la création de la Société d'Encouragement pour l'Industrie Nationale (SEIN). Passionné par la viticulture au point de sortir plusieurs ouvrages sur le sujet, il a grandement contribué à l'essor économique de la France et à la reconnaissance de l'industrie comme pilier de la nation.

Né le 4 juin 1756 à Nojaret (Lozère), Jean-Antoine Chaptal, après des études en médecine et en chimie, se forge une réputation en tant que chimiste, notamment grâce à ses travaux sur les acides et les sels. Mais il ne se contente pas de la recherche. Convaincu que le développement de l'industrie est la clé de la prospérité nationale, Chaptal cofonde en 1801 la Société d'Encouragement avec des objectifs qu'il porte comme des étendards : promouvoir l'innovation, soutenir les entrepreneurs et favoriser l'émergence de nouvelles industries.

Il ne délaisse pas pour autant ses propres recherches puisque, cette même année, il met au point la « chaptalisation », un procédé qui permet d'augmenter par sucrage la teneur en alcool des vins.

CI-CONTRE
Expérimentation du ballon des frères Montgolfier dans le jardin de M. Réveillon le 19 octobre 1783.
Gravure de Claude Louis Desrais.

PAGE DE GAUCHE
Louis André Gabriel Bouchet
Portrait de Jean-Antoine Chaptal
1801.

Cependant, s'il est élu premier président de l'organisme, c'est surtout grâce sa connaissance de la chose politique. Ministre de l'Intérieur de 1800 à 1804, durant le Consulat, il a pu, grâce à sa position, actionner des leviers et faire jouer ses influentes connaissances. « Fabricant lui-même et commerçant, il passait de la théorie à la pratique et de la pratique à la théorie : il quittait son atelier pour monter en chaire, descendait de la chaire pour retourner dans ses ateliers, ses magasins, son comptoir », détaille, admiratif, le penseur Joseph-Marie de Gérando, autre grand notable de l'État, quelques mois avant la création de la Société.

Les frères Montgolfier

Des papetiers qui réalisent le rêve d'Icare

Joseph-Michel (1740-1810) est l'aîné, Jacques-Étienne (1745-1799) son cadet de cinq ans. Le 19 septembre 1783, à 43 et 38 ans, ils parviennent, sous les yeux de Louis XVI, à faire décoller un mouton, un canard et un coq dans un panier en osier surmonté d'un gros ballon de 1 400 m^3 et de 400 kg. De retour sains et saufs sur la terre ferme après un voyage à 500 mètres d'altitude, les trois animaux les consacrent superstars de leur époque. La montgolfière à air chaud est née et le rêve d'Icare, réalisé. Les mois suivants, les deux hommes multiplient les expérimentations. Le 21 novembre a lieu le premier vol habité qui couvre en vingt minutes le trajet des jardins de la Muette à la butte aux Cailles avec, à bord de l'aérostat, le physicien Jean-François Pilâtre de Rozier, qui a offert son aide aux Montgolfier, et le marquis d'Arlandes.

La Révolution française passe par là : les deux frères ne sont pas inquiétés, mais les différents gouvernements ont d'autres préoccupations que de financer des ballons volants. Les frères abandonnent peu à peu l'aéronautique pour se concentrer sur la papeterie familiale. Joseph y invente le bélier hydraulique qui permet d'élever un volume d'eau à partir d'une chute. Étienne mourra en 1799. À Paris, Joseph reçoit la Légion d'honneur de Napoléon Bonaparte qui le nomme administrateur du Conservatoire national des arts et métiers. Dans le sérail des conservatoires, des comités et des conseils généraux qui œuvrent à l'amélioration des savoir-faire français, tout le monde se connaît. Joseph-Marie de Gérando présente Joseph-Michel de Montgolfier à Jean-Antoine Chaptal. Naissent une complicité et une ambition entre les deux hommes qui aboutiront à la création de la SEIN. En hommage au duo, la Société attribue chaque année les prix Montgolfier (en plus des prix Chaptal) pour honorer des entrepreneurs et des chercheurs du monde économique, industriel et commercial. Un coup de pouce qui permet de décoller de manière efficace.

Louis-Jacques Thenard 1777-1857

Un président obsédé par la formation

Très tôt, la mère de Louis-Jacques Thenard pressent que son fils a une intelligence hors du commun. En accord avec son mari, laboureur d'un petit village de l'Aube, elle envoie le jeune homme en pension dès l'âge de 9 ans. Passé par le collège de Sens, il se découvre de belles aptitudes à la physique avec son professeur Alexis-Louis Billy. En 1794, en pleine Révolution, à lui Paris ! Dix ans plus tard, le voici nommé professeur de chimie au Collège de France, premier titulaire de la chaire de chimie de la faculté de Sciences de Paris. Louis-Jacques n'a que 31 ans.

Publié à partir de 1813, son *Traité de chimie élémentaire théorique et pratique* le mène au succès. Il en profite pour prendre une part active au développement industriel français et aux découvertes scientifiques de sa science à l'industrie, comme le « bleu de Thenard » – découvert en 1799 sur commande du ministre de l'Intérieur Chaptal – ou l'eau oxygénée (1818). Très impliqué comme actionnaire et administrateur dans le développement des toutes premières lignes de chemin de fer, il est nommé président de la Société d'Encouragement de 1832 à 1845, succédant ainsi à Chaptal. Il s'y démènera en multipliant les concours, les encouragements aux industriels innovateurs et aux ouvriers qualifiés, tout en veillant à l'amélioration du bulletin.

Jean-Baptiste Dumas 1800-1884

Le « Chaptal de Napoléon III »

Dumas incarne au plus haut point l'alliance de la science et du pouvoir au XIXe siècle. À cette époque, la chimie jouit d'un très important prestige social comme science porteuse d'applications utiles. Dumas l'a bien compris, lui qui cofonde en 1829 l'École centrale des Arts et Manufactures, destinée à doter l'industrie d'ingénieurs civils de haut niveau, et d'où sortira entre autres Gustave Eiffel… futur membre de la Société d'Encouragement.

Député en 1849, ministre de l'Agriculture et des Travaux publics la même année, sénateur et président du conseil municipal de Paris sous le Second Empire, où il apporte son expertise scientifique et technique dans les grands travaux d'Haussmann, il se voit doté du surnom de « Chaptal de Napoléon III ». En 1854, il est élu président de la Société d'Encouragement avant de laisser sa place en 1884 à Henri Becquerel. Il en profite pour faire construire l'Hôtel actuel, accueillir de jeunes scientifiques et ingénieurs, développer les recherches sur les questions d'hygiène et de salubrité et sur les questions de chimie agricole.

EN HAUT
Louis-Jacques Thenard.
Chromolithographie du XIXe siècle.

CI-DESSUS
Jean-Baptiste Dumas.
Gravure du XIXe siècle.

Henri Becquerel 1852-1908

Un président nobélisé

Fils et petit-fils de deux physiciens professeurs au Muséum national d'histoire naturelle à Paris, Henri Becquerel naît à l'intérieur même du bâtiment avant de faire ses études au lycée Louis-le-Grand et d'enchaîner avec l'École polytechnique. En 1877, à 25 ans, le voici ingénieur, chercheur spécialisé dans l'optique, la polarisation et l'absorption de la lumière par les cristaux, professeur de physique au Muséum national d'histoire naturelle, puis élu à l'Académie des sciences. Membre du Comité des arts économiques de la Société d'Encouragement, il devient son quatrième président de 1884 à 1888. Il en profite pour lancer la construction d'un troisième bâtiment à l'Hôtel de l'Industrie, comprenant une bibliothèque destinée à accueillir les collections imprimées de la Société. Huit ans plus tard, il découvre, presque par hasard, la radioactivité alors qu'il fait des recherches sur la fluorescence des sels d'uranium, un phénomène de rayonnement sans nécessité de lumière baptisé « hyperphosphorescence ». En 1897, Marie Curie s'empare de ce thème pour rédiger sa thèse avant de trouver, en compagnie de son mari Pierre, les éléments chimiques qui en sont à l'origine. Juste retour des choses : après la découverte du polonium et du radium, le couple mythique recevra une moitié du prix Nobel en 1903. L'autre moitié sera attribuée au grand Becquerel.

Albert Caquot 1881-1976

L'ingénieur prolifique

Albert Caquot jouit du titre officieux de « plus grand des ingénieurs français du demi-siècle » que lui décerne à sa mort en 1976 l'ensemble de l'Académie des sciences dont il était membre. Polytechnicien, ingénieur des ponts et chaussées puis concepteur d'ouvrages d'art en béton armé, Caquot se fait remarquer par son théorème des états correspondants de la mécanique des sols et la résistance des matériaux. À la fin de sa vie, il aura réalisé plus de 300 ouvrages de génie civil dont le pont La Fayette à Paris (enjambant les voies de la gare de l'Est), la gigantesque usine marémotrice sur la Rance ou... la structure en béton armé du *Christ Rédempteur* sur le Corcovado. Également féru d'aéronautique, il apporte sa science pour mettre au point le moteur à hélices.

Caquot multiplie les présidences d'organismes comme le Conseil national des ingénieurs français, le comité scientifique de l'ONERA et, bien sûr, la Société d'Encouragement pour l'Industrie Nationale. Pendant les quatre ans (1951-1954) qu'il passe à la tête de l'organisme, il joue un rôle clé dans sa relance post-guerre.

EN HAUT
Henri Becquerel.
1890. Photographie colorisée.

CI-DESSUS
Albert Caquot dans son bureau.

Une demeure prestigieuse pour l'industrie

L'Hôtel de l'Industrie : un tiers lieu de rencontre et d'échange

Marie Ambayrac

Le 28 janvier 1852, la Société d'Encouragement s'installe en grande pompe dans ses nouveaux locaux, place Saint-Germain-des-Prés. Le Tout-Paris des sciences, de l'industrie et de la politique est présent. La Société, au cours de ses 51 années d'existence, s'est imposée comme le lieu de rencontre, d'échanges et de diffusion des innovations, comme l'incubateur de la modernité technique et de sa diffusion dans le tissu économique.

Ses précédents locaux, rue du Bac notamment, ne suffisaient plus à contenir l'accroissement de ses activités, et ne reflétaient pas le statut acquis par son rôle dans le développement de l'industrie nationale. Elle devait donc disposer de ses propres locaux, voir plus grand et plus prestigieux, mais il lui fallait aussi se replacer au cœur géographique des centres de savoir, d'enseignement et de recherche. Le choix se porta sur une parcelle située dans l'ancien enclos de l'abbaye Saint-Germain-des-Prés, démembrée par la Révolution.

L'Hôtel actuel est le fruit de plusieurs campagnes successives d'aménagement et d'agrandissement ; campagnes rendues nécessaires par l'adaptation de la Société à ses activités toujours plus nombreuses, mais parfois aussi imposées par les contraintes de l'urbanisme parisien. La construction initiale de 1852 est en effet vite bousculée par les grands travaux haussmanniens, qui prévoient le prolongement vers le nord de la rue de Rennes, au-delà du futur boulevard Saint-Germain, la démolition des bâtiments situés entre le siège de 1852 et la place Saint-Germain-des-Prés, et un alignement des façades sur les nouvelles voies ainsi créées. La Société acquiert les parcelles issues des démolitions, crée de nouveaux espaces et érige sur la place une nouvelle façade, inchangée jusqu'à aujourd'hui. En 1885 est lancée une nouvelle tranche de travaux, qui dote le bâtiment d'une nouvelle aile.

L'histoire du lieu reflète celle des innovations techniques. Ses aménagements successifs utilisent les dernières inventions de l'époque, que souvent la Société avait récompensées : électricité (1886), air comprimé (1890-1891), téléphone (1899), ventilation, chauffage... Elle sera toujours l'une des premières institutions à se doter des équipements les plus modernes, comme Internet dès les années 1990.

Un creuset de la vie intellectuelle, politique et sociale

Ces lieux sans cesse remodelés et agrandis hébergent des activités toujours plus nombreuses : fonction de représentation indispensables à affirmer la place éminente d'une Société centrale dans la vie économique, cadre nécessaire aux réunions des différents comités représentant les grands secteurs industriels, mais aussi, et surtout, espace alloué à la vie d'un pôle majeur de l'activité scientifique nationale. Pour diffuser l'information sur l'innovation technique, la Société multiplie les initiatives : conférences, édition du *Bulletin* – qui bénéficie dès 1874 de ses propres espaces –, création d'une bibliothèque des sciences et des techniques en 1890, présentation et démonstrations d'innovations techniques... La Société multiplie les initiatives pour assumer son rôle de « passeur ».

L'Hôtel de l'Industrie devient ainsi au fil des ans un pôle éminent de la vie intellectuelle, politique et sociale. La Société y héberge volontiers, et jusqu'à l'entre-deux-guerres, d'autres sociétés savantes dont les préoccupations sont proches des siennes : la Société de physique, la Société chimique de Paris, la Société des électriciens, mais aussi (et ce dès les années de la Restauration) la Société pour l'instruction élémentaire, plus ancienne association laïque d'enseignement primaire. L'Hôtel est également le lieu d'événements qui marquèrent l'histoire de ses presque deux siècles d'existence, de la première projection publique du cinématographe des frères Lumière au Club Saint-Germain, hébergé dès 1947, où se produisent les plus grands *jazzmen* américains.

Situé 4, place Saint-Germain-des-Prés, l'Hôtel de l'Industrie date, dans sa forme actuelle, de la fin du XIXe siècle.

Nouvelle façade de l'Hôtel de l'Industrie après son réaménagement de 1874.

Un lieu de prestige

C'est à Saint-Germain-des-Prés, sur une parcelle de l'ancien enclos de l'abbaye du même nom, que la Société choisit pour implanter son vaste et nouveau siège, dont elle est propriétaire. La première construction de 1852 fera l'objet d'un premier réaménagement en 1874, imposé par les bouleversements haussmanniens, puis d'un second agrandissement en 1885, qui donnera à l'Hôtel la physionomie que nous lui connaissons aujourd'hui, avec une façade unique dans le paysage de l'époque.

La statue d'*Orphée charmant les bêtes sauvages*, offerte par le sculpteur Eugène Guillaume en 1888, surplombe la façade de l'Hôtel de l'Industrie, et fait face à la place Saint-Germain-des-Prés.

Un lieu d'échanges

Il fallait offrir un cadre approprié aux débats, et l'Hôtel, avec ses vastes espaces, pouvait accueillir dans la grande salle des séances le conseil d'administration de la Société, qui compta jusqu'à une centaine de membres. On y reçoit de nouveaux procédés et de nouveaux produits, on y débat, on y remet des récompenses. On y accueille toutes les personnalités du monde de la recherche, de l'entreprise, de la politique. Les séances publiques remportant un grand succès, on y organise (et c'est toujours le cas) des conférences sur les grands sujets de l'actualité des sciences et de l'économie industrielle.

La grande salle des séances, qui s'appelle désormais Salle Lumière, accueille depuis l'inauguration de la Société en 1852 *(page de gauche, en haut)* les réunions du conseil d'administration, des réunions publiques ou des conférences. Si sa vocation perdure, elle a su elle aussi s'adapter au fil du temps aux nouvelles technologies, toujours sous l'œil bienveillant de ses fondateurs et dans le respect des savoirs.

Un lieu de transmission

D'abord envisagée comme un « musée industriel » associant une bibliothèque et un cabinet de modèles pour diffuser les « lumières de l'instruction », la bibliothèque deviendra, dans la nouvelle aile construite en 1885, un grand centre de documentation scientifique et technique, regroupant à son apogée plus de 18 000 ouvrages, et pas moins de 1 000 collections de périodiques, accordant une place prépondérante à la chimie. Elle est la gardienne des inventions des pionniers de l'industrie, une source précieuse pour l'histoire technique et industrielle de notre pays.

Des machines et des hommes

Quand l'histoire de la Société d'Encouragement raconte celle de l'industrie française

Raphaël Turcat

Les récompenses, les mentions et les membres du conseil d'administration de la Société d'Encouragement racontent en filigrane l'histoire du génie civil, de l'innovation et de la recherche, des sciences et des techniques, en un mot l'histoire de l'industrie française. Accusant un certain retard au XVIIIe siècle par rapport à son concurrent anglais, la France parvient plus ou moins à tirer son épingle du jeu dans le domaine du textile. C'est donc sans surprise que les premiers soutiens de la SEIN s'adressent, au début du XIXe siècle, à Joseph Jacquard et ses métiers à tisser mécaniques, ou à Philippe de Girard, inventeur de la machine à filer le lin. La métallurgie se situe, elle, plus en retrait : les grandes avancées surviennent lors du transfert de technologies venues d'outre-Manche, comme avec les forges à l'anglaise de Dufaud dans les années 1820. Heureusement, la France grignote peu à peu son retard.

Accompagner les grandes découvertes

En 1888, la Société d'Encouragement soutient activement Léon Serpollet pour son tricycle à vapeur, première automobile industrielle. En 1895, alors que le chemin de fer prend de l'ampleur, elle récompense Anatole Mallet, un ingénieur qui conçoit la première locomotive compound permettant d'exploiter au mieux l'énergie de la vapeur. Plus tard, quand l'aéronautique civile prend son envol après la Première Guerre mondiale, l'Hôtel de l'Industrie compte parmi les membres de son comité d'administration Louis Charles Breguet, l'un des fondateurs d'Air France. En 1947, la création d'un comité de physique répond à la place croissante prise par cette discipline dans le domaine industriel et traduit l'intérêt de ses applications aux télécommunications et dans le domaine des ondes, de la cybernétique et de l'électronique.

Les exemples sont légion mais la Société d'Encouragement ne fait pas qu'honorer les grandes découvertes, elle sait également aider des anonymes dont les petites inventions ont créé un maillage industriel dans tout le pays.

À Marseille, le couple Degrand

Retour au XIXe siècle. Elzéar et Marguerite Degrand habitent Marseille. Ils œuvrent dans le négoce et dans l'artisanat du fer. Autodidacte, Elzéar s'intéresse à la physique, à la mécanique et aux mathématiques. Très actif dans son métier de fabricant de clous, il multiplie les initiatives pour améliorer ses produits jusqu'à ce qu'il rencontre Marguerite Gurgey, fille d'un coutelier local, qu'il épouse en 1815. Le couple se retrouve à la tête de deux fabriques : la clouterie et la coutellerie. En 1818, Elzéar s'engage dans la fabrication de lames de Damas. Énigme pour les Européens, l'acier de Damas est réputé pour son élasticité et la dureté de sa lame. Les rasoirs du duo connaissent un franc succès, ce qui conduit Marguerite à écrire à la Société d'Encouragement pour participer à l'exposition nationale. La Société fait procéder à des expériences et transmet les résultats aux Degrand qui, grâce à cette démarche, remportent une médaille d'argent pour leurs lames réunissant « une parfaite élasticité, un corroyage sans défaut et une excellente trempe ».

Dans le même temps, Elzéar se penche sur la technologie de la vapeur. S'appuyant sur les expériences que la Société réalise pour lui, il met au point en 1819 son propre modèle de pompe à feu et devient l'un des rares à maîtriser la technologie de la vapeur parmi les techniciens locaux. Vapeur, toujours, quand Elzéar se lance sur le marché des machines marines destinées aux bateaux. Toujours en relation étroite avec la Société d'Encouragement, il obtient un brevet d'invention pour « un moteur à oscillation » de cinquante chevaux pouvant équiper « un navire de commerce portant 350 chevaux de marchandises ». Le rapport de ce couple et de la SEIN illustre à merveille le rôle de l'institution : en se nourrissant des recherches des Degrand et en leur proposant une aide technique, elle leur a permis le passage de l'artisanat à l'industrie.

Des inventions féminines

Mais où sont les femmes ? C'est là la grande faiblesse de l'industrie française, notamment au XIXe siècle où elles sont placées sous l'autorité de leur père ou de leur mari. La raison ? Le Code civil de Napoléon qui restreint leurs libertés, comme le fait de détenir un compte épargne (jusqu'en 1881) ou retirer de l'argent sans l'autorisation de leur mari (jusqu'en 1910). « Entre 1791 et 1900, 5 422 brevets ont été déposés par des femmes, ce qui représente 1,37 % du nombre total des brevets sur la période », détaille Anne Chanteux, auteure de la thèse *Les Filles d'Athéna : femmes et brevets au XIXe siècle en France*. En revanche, la proportion

PAGE DE GAUCHE
Léon Serpollet, au volant de sa voiture à Paris en 1891.

CI-DESSUS
Louis Charles Breguet dans son avion.

de récompenses liées aux expositions nationales des produits de l'industrie, entre 1798 et 1849, puis aux expositions universelles, entre 1851 et 1900, augmente sensiblement. « Les femmes brevetées figurent en nombre ténu, certes, mais constant : 18 % de brevetées seulement parmi les exposantes récompensées. »

Parmi elles, « les veuves de Wendel et de Dietrich déposent des brevets pour assurer le développement de leurs forges ; la sage-femme Breton invente un biberon qu'elle défend contre la contrefaçon ; Mlle Goubet, marchande de mode, prend un brevet pour une mesure de tête pour les chapeaux », énumère la docteur en histoire, qui précise plus loin les domaines hétéroclites des brevets les plus couramment déposés : habillement et économie domestique, mais aussi produits chimiques, métallurgie… « Les brevetées ne se reconnaissent pas elles-mêmes en tant que groupe et ne revendiquent pas une appartenance de genre ni une dénomination spécifique. » Aujourd'hui, les choses se sont améliorées, mais la balance penche toujours du côté des hommes : les femmes représentent moins de 30 % des salariés de l'industrie. Au-delà de ce pourcentage, elles occupent majoritairement des fonctions support et se retrouvent souvent exclues de la conception et de la production.

UNE HISTOIRE DE L'INDUSTRIE FRANÇAISE

Dix petites histoires de grandes inventions

Raphaël Turcat

Le phonotaugraphe d'Édouard-Léon Scott de Martinville

Et si l'Américain Thomas Edison avait été devancé par un Français dix-sept avant qu'il ne révèle au monde entier qu'il avait inventé le phonographe, appareil capable d'enregistrer mais aussi de restituer toute forme de sons, dont la voix humaine, par un procédé mécanique ? C'est pourtant la réalité, même si l'histoire ne gardera que le nom de l'Américain au Panthéon des grands inventeurs mondiaux. Le 25 mars 1857, Édouard-Léon dépose un brevet résultant d'une expérience qu'il a réalisé peu de temps auparavant en fixant un stylet sur une membrane élastique – en s'inspirant du conduit auditif et du tympan – pour enregistrer la voix humaine. Il le baptise « phonotaugraphe ».
Pour ce typographe qui a appris la sténographie, le phonotaugraphe allège le travail de retranscription et, surtout, garantit l'authenticité de la parole retranscrite. Hélas, si Scott de Martinville parvient à transcrire les ondes sonores sous forme d'ondulations dans une ligne tracée sur du papier ou du verre noirci à la fumée, son procédé ne permet pas d'extraire de ces tracés un texte ni d'écouter un son. Un siècle et demi plus tard, la Société d'Encouragement conserve dans ses archives les tout premiers enregistrements sonores au monde de la voix, réalisés par Scott de Martinville entre 1853 et 1860, et que l'Unesco a inscrit en septembre 2015 au registre international de la Mémoire du monde.

Le phonotaugraphe d'Édouard-Léon Scott de Martinville.

Le métier à tisser de Joseph Jacquard

Il aura fallu cinquante-six longues années pour que le Lyonnais Joseph Jacquard voie son invention être enfin appliquée. Son idée ? Faire la synthèse de travaux préalables afin de mettre au point un métier à tisser mécanique programmable grâce à des cartes perforées. Une révolution qui va changer en profondeur une profession pour laquelle un ouvrier était auparavant nécessaire au moment de l'opération de tirage et faire évoluer ce métier artisanal vers une activité industrielle.
Au début du XIXe siècle, la Société d'Encouragement soutient l'effort d'innovation de Jacquard et lui accorde même une médaille de bronze en 1805.
En 1812, la France compte 11 000 métiers Jacquard qui permettent de tisser des motifs complexes en un temps record. Déjà opposés à cette mécanique lors de son apparition, les canuts (les ouvriers tisserands de la soie), craignant que leur travail ne disparaisse, s'y opposent vivement, jusqu'à en casser plusieurs pour empêcher les industriels de s'en servir. En 1819 et en 1831, ils se révolteront, occasionnant des émeutes ouvrières durement réprimées.

Lazare Carnot visitant les ateliers de Joseph Jacquard.

4e de couverture du *Petit Journal* du 6 janvier 1901.

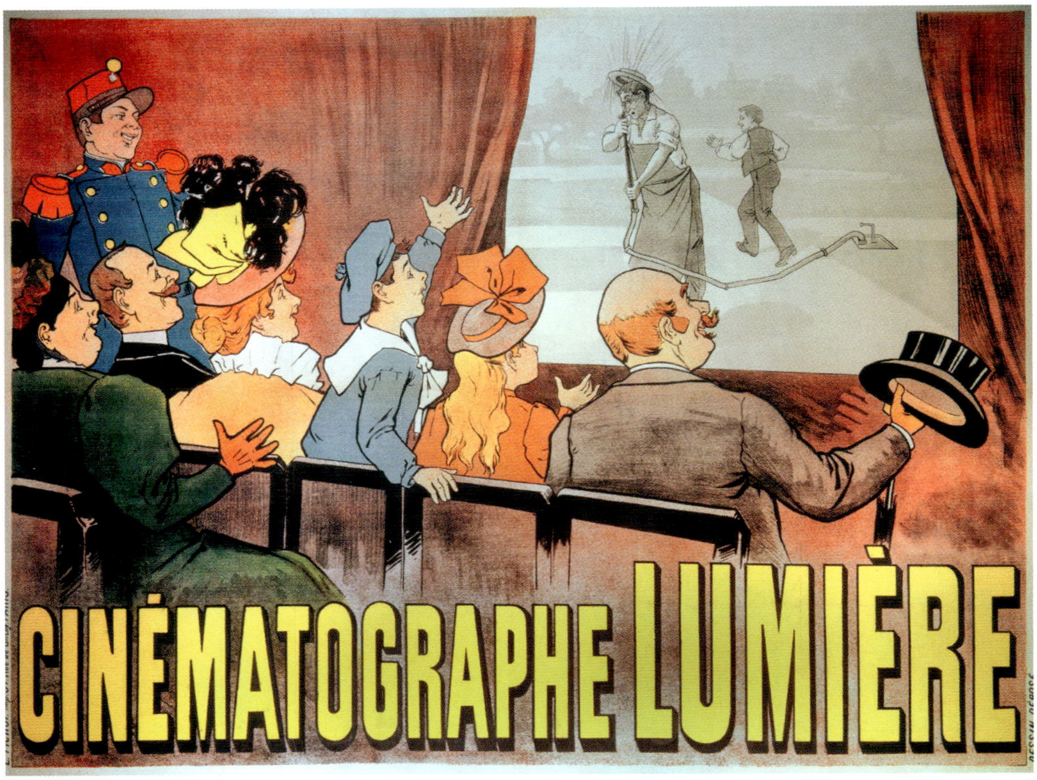

Affiche publicitaire pour la projection du film des frères Lumière *L'Arroseur arrosé*, en 1895.
Coll. musée de l'Affiche, Paris.

Le cinématographe des Frères Lumière

Auguste et Louis Lumière sont deux ingénieurs inséparables. En 1881, Louis invente les plaques photographiques sèches, ancêtres de la pellicule, qui obtiennent un énorme succès sous le nom d'« étiquettes bleues » et procurent aux frères une grande partie de leur richesse. Au début de 1895, le duo met au point une machine baptisée « kinétoscope de projection », s'inspirant du Kinétographe, la caméra mise au point par Thomas Edison et son ingénieur électricien William Dickson, mais qui n'autorise un visionnage qu'à un seul spectateur.
Le 22 mars 1895, entre 21 heures et 22 h 30, la Société d'Encouragement accueille dans son Hôtel de l'Industrie Louis pour une conférence sur « l'industrie de la photographie et la photographie des couleurs de M. Lippmann ». À l'issue de l'allocution, Louis présente son « kinétoscope de projection » à l'assistance. Déjà très au fait des progrès de la photographie, les spectateurs assistent à la première projection de cinématographe. C'est la stupéfaction. Dans la salle, un certain Léon Gaumont et son assistante Alice Guy. Cette projection agira sur eux comme un déclic, lui devenant l'industriel que l'on connaît et elle la première femme réalisatrice de cinéma. En moins de deux ans, le Kinétoscope d'Edison disparaîtra et les frères Lumière se retrouveront sous les feux de la rampe.

Le botaniste Louis de Vilmorin.

Les semences de Louis de Vilmorin

Botaniste réputé, Louis de Vilmorin étudie au milieu du XIXe siècle la transmission héréditaire des caractères des plantes. Ses travaux démontrent qu'il est possible de sélectionner certaines caractéristiques des plantes et de développer de nouvelles variétés présentant des propriétés choisies. En 1856, Louis de Vilmorin publie une note intitulée *Création d'une nouvelle race de betterave et considération sur l'hérédité chez les plantes.* Derrière ce titre sibyllin se cachent les bases de la théorie moderne de l'industrie semencière. Membre de l'entreprise familiale Vilmorin-Andrieux & Cie, qui deviendra plus tard l'un des plus grands fournisseurs de plantes du monde, les travaux de Louis de Vilmorin sont ardemment soutenus par la Société d'Encouragement dont il deviendra membre du Comité de l'Agriculture.

Louis Vicat reçut de nombreuses distinctions, dont celle de commandeur de la Légion d'honneur.

Le ciment de Louis Vicat

À 23 ans, tout juste sorti des Ponts et Chaussées et affecté à Périgueux, Louis Vicat reçoit son baptême du feu qui va se révéler décisif pour la suite de sa carrière : la construction de deux ponts, l'un enjambant la Dronne, entre Bordeaux et Angoulême, et l'autre la Dordogne, à Souillac. Pour le second ouvrage, une partie des piles du pont est immergée, ce qui le mène à étudier la prise de la chaux dans l'eau et sa résistance à la dissolution. Il se documente alors chez les anciens auteurs et dans les bulletins de la Société d'Encouragement pour mieux comprendre les liants hydrauliques faisant prise dans l'eau. Ses recherches l'amènent en 1817 à publier sa découverte sur les lois de l'hydraulicité des ciments et des chaux, autrement dit la capacité d'une chaux à faire prise sous l'eau. Cette découverte repose sur la cuisson d'une juste proportion de calcaire et d'argile. Le ciment artificiel est né. Désintéressé et s'estimant redevable de la communauté, Vicat ne dépose aucun brevet, préférant partager sa découverte auprès d'architectes et d'entrepreneurs. Nommé chevalier de la Légion d'honneur en 1821, Grande Médaille d'Or de la Société d'Encouragement en 1823, il consacre le reste de sa vie à la science du ciment grâce à l'attribution d'une rente de 6 000 francs or. Une peccadille « à côté des économies colossales dont le pays est redevable aux travaux de M. Vicat », reconnaîtra plus tard François Arago, chef de l'État français.

Le moteur à 4 temps de Beau de Rochas

Quand il pose le premier câble télégraphique sous la Manche en 1851, l'ingénieur de grands travaux Alphonse Eugène Beau ne se doute pas qu'il restera dans l'histoire pour une invention n'ayant rien à voir avec l'eau, son domaine de prédilection. Thermodynamicien autodidacte, Beau de Rochas, comme on l'appelle, publie en 1862 un mémoire qui compile les connaissances sur les moteurs et les propositions pour en améliorer le rendement. Dans ces pages, il décrit un cycle moteur à quatre temps. Dans la foulée, il dépose son brevet à l'Office national de la propriété industrielle mais, n'ayant pas payé les droits nécessaires à sa protection, celui-ci tombe dans le domaine public l'année suivante. De son invention, qui engendrera le moteur à quatre temps, il n'en tirera pas un sou. La SEIN lui attribuera le Prix spécial de mécanique en 1891 et lui versera exceptionnellement la somme de 3 000 francs pour l'ensemble de son œuvre.

Alphonse Eugène Beau, dit Beau de Rochas.

Charles de Lasteyrie
Épave de la frégate Medusa, 2 juillet 1816
Lithographie de 1818.

La lithographie popularisée par Charles Philibert de Lasteyrie

Les découvertes soutenues par la Société d'Encouragement tiennent parfois plus de l'art que de l'industrie, même si leur exploitation a fini par rejoindre les sphères des biens matériels produits à grande échelle. C'est le cas de la lithographie – un très faible relief sur une pierre causé par de l'acide exploitable pour l'impression –, découverte par hasard par le dramaturge allemand Aloys Senefelder. Vice-président de la SEIN de 1815 à 1845, le lettré Charles Philibert de Lasteyrie est le promoteur du cabinet de lecture, ancêtre de la bibliothèque, faisant de l'institution un centre de documentation avant la lettre. Dans le même temps, ce touche-à-tout méconnu multiplie les recherches sur les meilleurs moyens de chauffage et sur la conservation des grains. Et, surtout, il est le principal introducteur en France de la lithographie et incite la Société à soutenir par des concours ce nouveau procédé, qui connaîtra un grand essor durant toute la première partie du XIXe siècle.

Le pneumatique d'André Michelin

Membre du Comité des Arts chimiques de la Société d'Encouragement, dont il devint membre honoraire en 1928 jusqu'à sa mort, André Michelin est un infatigable novateur qui, en compagnie de son frère Édouard, a su construire un empire grâce à son audace. Diplômé de l'École centrale en 1877, il dirige d'abord un atelier de charpentes mécaniques avant de reprendre, en compagnie de son frère, la fabrique de caoutchouc familiale. En 1891, à l'occasion de la première course cycliste Paris-Brest, il demande à un de ses ingénieurs de concevoir un dispositif de fixation de pneumatique qui soit « démontable en un quart d'heure par un imbécile ». C'est un succès : le coureur remporte l'épreuve avec une avance de… huit heures sur le deuxième. Depuis leur usine de Clermont-Ferrand, les deux frères vont développer leur idée d'un pneu dissociable de la roue sur trois automobiles qu'ils conçoivent et avec lesquelles ils vont s'inscrire à des rallyes. André ne verra pas ses velléités sportives couronnées de réussite, mais l'idée est là. Michelin va multiplier les initiatives pour faire connaître son invention : un Bibendum réalisé avec des pneus, des cartes routières très précises, un guide qui recense les bonnes adresses en France et, bien sûr, le *Bulletin* de la Société d'Encouragement dont il parsèmera plusieurs éditions du début du XXe siècle de sa rubrique « Les conseils de Michelin ».

Cette publicité de Michelin vante l'exploit de Heath qui a devancé le train de 30 minutes sur un trajet de 600 km avec sa Panhard-Levassor.

Les brodequins d'Alexis Godillot

Comme Eugène Poubelle trente ans après lui, Alexis Godillot a laissé son nom par antonomase aux chaussures de l'armée. Ce Bisontin issu d'une famille modeste ouvre des tanneries à Saint-Ouen en 1850 et devient fournisseur officiel des armées impériales. Dans sa volonté d'aider l'innovation dans le domaine de l'équipement domestique ou personnel, la Société encourage la production de ses brodequins qui différencient pour la première fois le pied gauche du droit. En 1862, Godillot dépose même un brevet pour avoir appliqué de la gomme adhésive garantissant l'imperméabilité entre la semelle et la chaussure.

Atelier de confection dans une usine d'Alexis Godillot.
Illustration de 1888 par Jules Ferat pour le livre *Les Grandes Usines de Turgan.*

Marie Skłodowska Curie photographiée dans son laboratoire, en 1896.

Le radium de Marie Curie

Dans un monde archi-dominé par les hommes, quelques femmes réussissent à s'imposer. C'est le cas de Maria Skłodowska, contrainte en 1891 de quitter sa Pologne natale – qui interdit aux femmes de suivre des études supérieures – pour étudier en France. En parallèle de ses études en physique et mathématiques, elle travaille dans le laboratoire des recherches du physicien Gabriel Lippmann. C'est là que la Société d'Encouragement la remarque et lui confie des recherches sur les propriétés magnétiques de différents aciers. On connaît mieux la suite : sa rencontre avec Pierre Curie, qui étudie également le magnétisme, leurs travaux communs sur la radioactivité, la découverte du polonium puis du radium, dont les applications seront essentiellement liées à sa nature radioactive. Avec son mari et Henri Becquerel, qui découvre la radioactivité en 1896, elle reçoit le Prix Nobel de physique en 1903.

Une publication mensuelle jusqu'à 200 pages

Le *Bulletin* s'intéresse à Eiffel et sa tour

Raphaël Turcat

Créé en 1802 et diffusé à l'échelle française et internationale, le *Bulletin* de la Société d'Encouragement prend de plus en plus d'ampleur au fil des ans, pour atteindre près de 2 000 pages annuelles à la fin du XIXe siècle. Sa diffusion, d'abord réservée aux seuls sociétaires, se développe rapidement, notamment grâce à un vaste réseau d'échanges.

On le retrouve dans toutes les grandes institutions scientifiques internationales et dans les mains des élites politiques et des membres des sociétés savantes. Surtout, il est l'arme de promotion de la SEIN, un outil majeur d'information scientifique. Pour tous ses lecteurs qui se l'arrachent, un précieux périodique recensant les nouvelles techniques et les dernières inventions. Une sorte de (très) longue *newsletter* mensuelle spécialisée avant l'heure, véritable mine d'informations, de listes de brevets, de dessins techniques et de comptes rendus. Les gravures sur bois y font leur apparition à partir de 1855 pour laisser la place aux photographies au milieu des années 1890. C'est à cette époque que, sous l'autorité de rédacteurs professionnels, le *Bulletin* s'enrichit d'articles de fond.

Lors de l'Exposition universelle de 1889, la tour Eiffel s'est embrasée de mille feux au-dessus de Paris.

En 1888, un numéro du *Bulletin* consacre plusieurs pages à la tour d'un certain Gustave Eiffel, censée devenir l'attraction n° 1 de l'Exposition universelle de 1889 et démontrer l'ingéniosité française dans la technologie de l'acier. Contrairement à nombre de réactions outrées, notamment venues de milieux intellectuels, le *Bulletin* salue cette prouesse avec force emplois du passé simple et de points-virgules qui font le style de l'époque : « L'origine du projet d'une tour de 300 mètres date de 1884, époque à laquelle fut décidée l'exposition de 1889 ; l'idée d'une manifestation grandiose pour célébrer le centenaire de 1789, par une entreprise dont les proportions dépassent celles qu'on n'avait encore atteintes, avait vivement surexcité l'imagination des ingénieurs et architectes ; mais c'est en 1875, au moment de la construction de l'Exposition de Philadelphie, qu'il faut remonter pour trouver la première idée d'édification d'une tour de 1 000 pieds de hauteur. Malgré l'engouement de toute la presse américaine pour cette conception, il n'y fut pas donné suite.

[...] L'emploi des matériaux, où la pierre joue le principal rôle, rend difficile la construction d'un monument très élevé, tandis que le fer donne la possibilité d'atteindre de très grandes hauteurs par suite de la facilité qu'il offre de supporter les réactions verticales de la construction et de résister aux efforts du vent ; ceux-ci peuvent devenir effectivement considérables dès que l'on dépasse la hauteur des monuments ordinaires.

Ce fut cette raison qui permit à M. Eiffel, de proposer l'érection d'une tour monumentale de 300 mètres comme annexe de l'Exposition de 1889.

[...] Indépendamment de la curiosité qu'offrira cette construction colossale, on a signalé les divers emplois dont elle sera susceptible. Telles sont les observations météorologiques et astronomiques, et généralement les expériences scientifiques ; les communications par télégraphe optique et les observations stratégiques ; enfin, l'éclairage électrique du champ de l'exposition, ce qui contribuera à en augmenter l'attrait. À cet effet, on a étudié la disposition de foyers électriques d'une grande puissance, renforcée par des réflecteurs qui serviront à la distribution, comme cela se pratique pour l'éclairage de certaines villes en Amérique. »

Prévue pour être démontée après l'Exposition universelle, la Tour restera debout, et Gustave Eiffel deviendra membre de la Société d'Encouragement. Le *Bulletin* disparaîtra, lui, en 1943, pour renaître en 1948 sous la forme d'un petit livret de comptes rendus et revenir en 1949 sous le titre d'*Industrie nationale*, avant de s'interrompre en 2003.

Extrait du *Bulletin* retraçant la construction de la tour Eiffel. Ici, le schéma d'une grue de montage qui se déplace le long de la voie des ascenseurs.

694 EXPOSITION UNIVERSELLE. — DÉCEMBRE 1888.

A l'intérieur des montants, contre les arbalétriers, sont disposées des poutres

Fig. 5. — Grue de montage.

offrant une surface plane et qui doivent être utilisées à la montée des ascenseurs;

1994-2024 : trente années de remise en question

La SEIN et les nouveaux défis contemporains

Raphaël Turcat

Diplômes et médailles sont remis chaque année aux lauréats des prix Montgolfier, Chaptal et Dermagne décernés par la Société d'Encouragement.

Le monde change et la Société d'Encouragement doit s'adapter. Au début des années 1990, la mondialisation est une nouvelle réalité à prendre en compte. En 1994, la SEIN nomme pour la première fois un économiste à sa tête, Bernard Mousson. Depuis la Seconde Guerre mondiale, l'institution continue d'innover tout en prenant en compte le nouvel ordre économique mondial – la Chine devient notamment un acteur majeur du marché – et une nouvelle révolution qui s'annonce : le numérique. Un an avant sa nomination, Bernard Mousson écrit dans *L'Industrie nationale*, le nouveau nom du *Bulletin*, un article dans lequel il propose la création d'une grande zone de libre-échange européenne.

Dès son arrivée à la tête de l'organisme, il décide d'en diversifier l'activité économique en encourageant par exemple les entreprises françaises à l'étranger. Les conférences prennent effectivement un tour plus international avec entre autres comme sujet « le grand télescope européen » par le Pr André Maréchal ou la pénétration du génie civil français en Asie du Sud-Est.

Encourager et récompenser

En quête de plus d'impact, Bernard Mousson resserre en 1996 le nombre de prix remis chaque année devant le gotha de l'industrie française. Ils sont désormais divisés en trois catégories : les Chaptal, les Montgolfier et les Médailles de l'industrie.

Les Chaptal distinguent des personnalités aux parcours d'exception qui sont responsables des grandes réussites industrielles dans les domaines des arts économiques, chimiques, physiques, mécaniques, du commerce et des transports, de l'agriculture et des industries agroalimentaires, des constructions et beaux-arts et, pour mieux coller à l'époque où tout devient médias, de la communication. Au palmarès, on croise des noms aussi divers que ceux de François Michelin, Serge Dassault, Pierre Bellon, fondateur de Sodexo, Gérard Mulliez, fondateur du groupe Auchan, l'éditrice Odile Jacob, Vincent Bolloré, Agnès b., Alain Afflelou ou, à titre exceptionnel, le pilote d'essai André Turcat, pour le trentième anniversaire de Concorde, ou encore Takumi Tsuda, découvreur des manuscrits de Vincent de Gournay...

Les Montgolfier, qui rendent hommage aux deux frères dont l'un fut un des fondateurs de la Société d'Encouragement en 1801, récompensent quant à eux les entreprises et les dirigeants émergents dans les mêmes domaines que les prix Chaptal. Les Médailles de l'industrie, enfin, récompensent des projets de fin d'études. À chaque cérémonie sont rappelés les principes de la Société d'Encouragement : soutenir les entrepreneurs, transmettre les innovations, valoriser les savoir-faire français, conserver les patrimoines industriels.

Un économiste à la présidence

En 2011, c'est un autre économiste qui est élu à sa présidence. Olivier Mousson, fils de Bernard, diplômé d'HEC et docteur d'État en sciences économiques, auteur d'une thèse sur *L'Entreprise industrielle dans la révolution robotique*, va poursuivre l'œuvre de son père dans une France en proie à la désindustrialisation et confrontée au défi de la transition écologique. Sa conviction : la Société d'Encouragement doit

Muriel Guidoni, du Comité Communication et Formation et Pierre-Antoine Capton (Mediawan), lauréat 2023 du Chaptal Communication et Formation.

Olivier Mousson, président de la SEIN, Thierry de Ladoucette (Lesaffre), lauréat 2023 du Chaptal Agriculture et Industries agroalimentaires et Marie Dewavrin, du Comité Agriculture et Industries agroalimentaires.

Sylvain Bredin, Comité des Arts mécaniques, Anne Leitzgen (Schmidt Groupe), Chaptal des Arts mécaniques, et Olivier Mousson, président de la Société d'Encouragement pour l'Industrie Nationale.

toujours plus coller aux soubresauts d'un monde en mutation et s'emparer des grands questionnements contemporains. « Pour ses 220 ans, explique-t-il le soir de la remise des prix 2023, l'ambition de la Société d'Encouragement est de repenser l'industrie en France, en Europe et dans les territoires, c'est-à-dire de questionner le modèle. Faire renaître une industrie durable est l'impulsion que souhaite soutenir la Société d'Encouragement avec le cycle de rencontres Renaissance industrielle, proposées en régions en collaboration avec les acteurs publics et privés. Sa deuxième aspiration est de proposer un tiers lieu de partage de la connaissance et de l'innovation au service des femmes et des hommes qui œuvrent en faveur de l'industrie au sein de son illustre siège parisien, l'Hôtel de l'Industrie. »

De nouvelles publications ont pris le relais du bulletin *L'Industrie nationale* : *Les Clés du succès, faire renaître l'industrie dans les territoires*, a été édité en octobre 2022, et le baromètre *L'Industrie en mouvement*, en 2023, dans le cadre de la Semaine de l'industrie.

S'emparer des enjeux contemporains

Pendant longtemps, l'industrie a été un domaine réservé aux hommes. La Société d'Encouragement fait sien le combat pour une plus grande féminisation de l'industrie. Et montre l'exemple en féminisant sa propre organisation : le bureau compte deux vice-présidentes, Évelyne Sevin et Sylvianne Villaudière, tandis que les huit comités sont en partie dirigés par des femmes, comme celui de l'Agriculture et Industries agroalimentaires (Marie Dewavrin, spécialiste des habitudes de vie sur la santé et la longévité), des Arts chimiques (Sylvie Latieule, journaliste scientifique, diplômée de l'École nationale supérieure de Chimie de Paris) ou Communication et Formation (Muriel Guidoni-Deregnaucourt, directrice d'Energy Observer Foundation). La Société multiplie les cycles de conférences sur les femmes dans l'industrie et les sciences, notamment à l'occasion de la Journée internationale des droits des femmes.

Autre grand questionnement de l'époque, le climat et l'environnement : comment identifier et encourager des actions pragmatiques et durables pour répondre à cet enjeu ? Chaque COP est l'occasion pour la Société de réunir autour de cette question, dans une conférence annuelle de « mise en lumière pour le climat », scientifiques et acteurs économiques et politiques.

Créer un réseau mondial

« Nous nous plaçons de plus en plus comme l'ambassadeur de l'industrie française », reconnaît Olivier Mousson. En 2012, il crée une Commission Internationale pour répondre aux nouveaux enjeux et aux bouleversements économiques internationaux, ce qui va permettre de nouer des liens avec des institutions étrangères et de créer des réseaux hors des frontières. La récente plateforme Franco-Fil en est l'un des exemples. En 2019, la Société d'Encouragement signe une convention de partenariat avec la Conférence permanente des chambres consulaires africaines et francophones (CPCCAF) pour lancer Franco-Fil, une plateforme numérique internationale de l'entrepreneuriat qui favorise le développement de projets innovants et responsables et encourage la collaboration dans l'espace francophone.

L'ambition de Franco-Fil consiste à mettre en œuvre des « objectifs de développement durable (ODD) » de l'ONU et plus particulièrement l'ODD 17 – « établir un partenariat mondial pour un développement sociétal, environnemental et économique équilibré ». En 2020, un concours est lancé à l'attention de porteurs de projet dans trois catégories (transition énergétique, agroéconomie durable et pionnier du développement durable). L'année suivante, les porteurs de projet participent à une formation inédite pour contribuer à l'alignement de leur modèle économique aux objectifs du développement durable.

Avancer au pas de l'innovation

En 2005, la France découvre l'existence des réseaux sociaux avec le Facebook de Mark Zuckerberg. Le bulletin *L'Industrie nationale* ayant disparu en 2003, ce nouveau média et ceux qui suivent (Twitter, LinkedIn, Youtube) offrent à la Société d'Encouragement une nouvelle tribune. D'autres publications ont aussi pris le relais, en soutien d'une *newsletter* qui relate les événements (conférences, récompenses...) se déroulant à la Société.

En 2014, les « Petits Déjeuners de la science et de l'innovation » (PDSI) confrontent savants, chercheurs et industriels autour de sujets comme les ordinateurs quantiques, la révolution bio-industrielle, l'énergie solaire, l'intelligence artificielle, l'addiction numérique... Les conférences « #JeDisSciences », en partenariat avec Humensciences, accueillent un auteur scientifique qui vient débattre avec le public sur un thème ayant trait à la science ou l'innovation, comme Michel Magny (*L'Anthropocène*), Aurélie Jean (*Les Algorithmes font-ils la loi ?*) ou Laurence Devillers (*Les Robots émotionnels*)... Les rencontres « Prospectives de la vie future », quant à elles, invitent philosophes, sociologues et ingénieurs à porter un regard sur la société des trente ans à venir.

Regarder l'avenir tout en préservant le passé

L'exceptionnel patrimoine hérité de plus de 200 ans rendait nécessaire des efforts particuliers de conservation et de préservation. La Société compte en effet dans ses archives les projets de plus de 2 000 inventeurs, et des collections sans égales de revues et d'imprimés scientifiques. La Commission Histoire, créée en 1995 avec un groupe d'historiens dont Denis Woronoff, Gérard Emptoz et Serge Benoit, reçut entre autres missions celle de recenser ce corpus : l'inventaire des archives anciennes (1801 à 1945), réalisé dès 1995 par Daniel Blouin, et celui des archives contemporaines (1945 à nos jours) réalisé en 2023 par Jordan Slimani permet à des chercheurs d'étudier en profondeur l'histoire de l'industrie, de l'innovation et des sciences du XIXe siècle à nos jours. L'ensemble de ces archives a été labellisé « archives historiques » par les Archives de France en 2015, et « archives privées présentant un intérêt public majeur » en 2021. En 2019, Catherine Le Louarn, docteur en médecine, crée le cercle Φ La Société et Cie, réunion informelle de membres de musées, de sociétés savantes, d'écoles, de fondations d'entreprise, d'institutions publiques et d'historiens ayant en commun la mission de valoriser le patrimoine scientifique, technique et industriel.

Préparer le monde de demain

Six réussites d'aujourd'hui distinguées par la SEIN

Raphaël Turcat

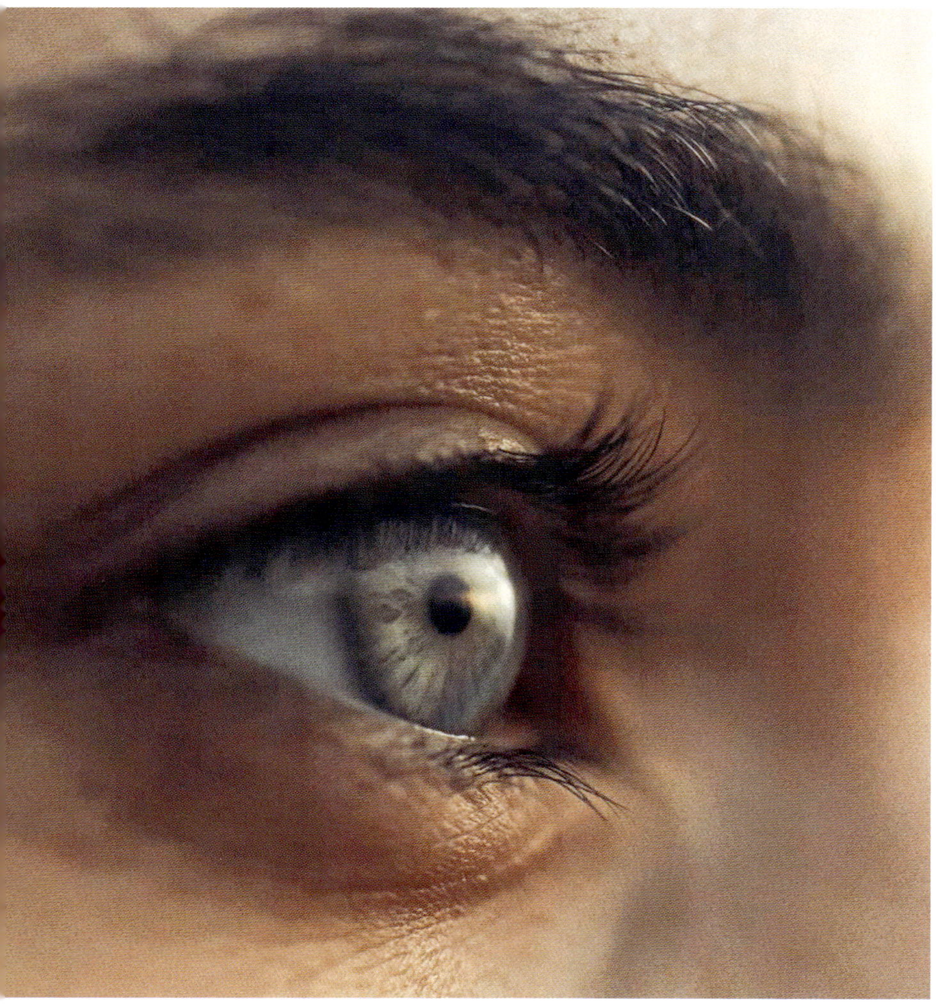

Les exploits rétiniens d'Imagine Eyes

Dans les années 1960, des astrophysiciens inventent une technologie capable de voir net à travers le flou de l'atmosphère : ils la baptisent « optique adaptative ». Au début des années 2000, l'invention est reprise pour examiner les détails de la rétine, difficile à observer à cause du flou des différents constituants de l'œil (cornée, humeur aqueuse, cristallin, vitré). Même si elle n'a pas vraiment été inventée dans ce but, l'optique adaptative permet aujourd'hui de mieux détecter et de guérir des maladies de la vision. Imagine Eyes, société créée par Nicolas Chateau, Xavier Levecq et Samuel Bucourt, rassemble des spécialistes de l'imagerie biophotonique, du génie logiciel et d'activités ophtalmologiques. Le but ? Collaborer avec des cliniciens, scientifiques et distributeurs pour impacter la santé mondiale. Grâce à rtx1™, une caméra à optique adaptative, Imagine Eyes s'est fait le spécialiste de l'examen de la rétine et peut suivre des lésions microscopiques auparavant invisibles. Un miracle récompensé en 2023 par le Prix Montgolfier du Comité des Arts Physiques.

Les robots agricoles de Naïo Technologies

Ils s'appellent Ted, Jo, Oz, Orio, ils désherbent, tracent des sillons, binent, travaillent sur les rangs et entre les rangs de vignes… Ce sont des robots agricoles dont le but consiste à alléger la charge de travail des agriculteurs et à optimiser la rentabilité des exploitations tout en limitant l'utilisation d'intrants chimiques. En 2011, Aymeric Barthès et Gaëtan Séverac, deux ingénieurs toulousains, créent Naïo Technologies qui, au fil des années, va essaimer toute une lignée de robots à la précision diabolique. En 2015, le CNES (Centre National d'Études Spatiales) et le laboratoire Guide proposent à la start-up de tester sur ces drôles de machines un système de positionnement par satellite dans une exploitation maraîchère et un vignoble de la région. C'est un succès : les outils sont capables d'une précision de quatre centimètres. De levées de fonds en collaborations avec les institutions de la région (Institut français de la vigne, Laboratoire d'analyse et d'architecture des systèmes, écoles d'ingénieur, universités…), Naïo Technologies commercialise aujourd'hui 300 robots agricoles électriques partout dans le monde. Très soucieuse des progrès dans le domaine agricole, la Société d'Encouragement couronne cette *success story* par le Montgolfier 2021 du Comité des Arts Mécaniques.

Expliseat invente le siège d'avion ultra-light

En 2015, deux Montgolfier sont attribués à trois hommes : Benjamin Saada (président de la société Expliseat), Jean-Charles Samuelian (directeur général) et Vincent Tejedor (directeur technique) sont distingués par le Comité Constructions et Beaux-Arts et le Comité des Arts mécaniques. Leur idée ? Alléger les avions en proposant, TiSeats, un siège *light* de moins de quatre kilos là où ses concurrents en affichent deux de plus sur la balance. Pour Benjamin Saada, le calcul est simple : « Avec 30 % de poids en moins que les sièges conventionnels, l'allée perd 1,2 tonne sur la balance. » Cette cure de minceur, qui a séduit des compagnies comme Jazeera Airways, United Express, Air Caraïbes ou Cebu Pacific, a bien sûr des répercussions environnementales : « Depuis 2011, TiSeats a contribué à réduire les émissions annuelles de CO2 dans l'aviation de 1 à 5 % grâce à une réduction du poids des avions », s'enorgueillit aujourd'hui Expliseat.

Jean-Dominique Senard, un parcours d'exception

En 2022, c'est à ce capitaine d'industrie à la carrière brillante, que la Société d'Encouragement décerne le Grand Chaptal de l'industrie en 2022. Originaire de Haute-Savoie, Jean-Dominique Senard fait ses classes à la Compagnie française des pétroles avant de rejoindre Saint-Gobain puis Pechiney. Mais sa carrière prend un autre tournant lorsqu'il intègre Michelin comme directeur financier. À la tête du groupe à partir de 2012, il développe la marque à l'étranger, met en place de nouvelles gemmes de produits, restructure l'entreprise et réduit sa dette. Si la méthode peut paraître brutale, elle paie : le groupe améliore sa situation financière, ce qui favorise sa remontée en bourse. En 2019, quand Carlos Ghosn se voit obligé de démissionner de la présidence de Renault, Jean-Dominique Senard prend la tête du constructeur automobile puis de l'alliance Renault-Nissan-Mitsubishi. Un parcours cinq étoiles pour celui qui définissait, en 2020 dans *Les Échos*, le rôle de chef d'entreprise ainsi : « Le numéro un est garant d'une absolue cohérence : donner du sens, définir la raison d'être de l'entreprise et la partager, enfin vérifier la pertinence des grandes orientations qui en découlent. »

Doctolib, rendez-vous avec le succès

Médecin de formation, Stanislas Niox-Chateau n'a que 26 ans quand, en 2013, il lance sa start-up Doctolib avec Franck Tetzlaff, Jessy Bernal, Ivan Schneider et Steve Abou Rjeily. Le site et l'application sont d'abord testés auprès de 50 praticiens partenaires. Un an plus tard, ils sont 1500 à utiliser cet outil simple comme une page de réservation de restaurant (Bertrand Jelensperger, cofondateur de La Fourchette, est d'ailleurs l'un des premiers à entrer dans le capital). Stanislas Niox-Chateau devient tout à coup le roi du rendez-vous médical et de la téléconsultation. Il est récompensé du Prix Montgolfier du Comité Communication et Formation en 2019, au moment où Doctolib devient une licorne après sa valorisation à plus d'un milliard de dollars (et presque 6 milliards aujourd'hui).

La 3DExperience de Bernard Charlès

Bernard Charlès est un agrégé de mécanique arrivé dans la filiale du Groupe Dassault en 1988 comme directeur de la stratégie. Créé pour informatiser la conception d'avions, Dassault Systèmes s'impose peu à peu comme une référence dans le développement de logiciels qui vont toucher tous les domaines : aéronautique et défense, ingénierie et construction, énergie, biens de consommation, architecture... Dans cette longue marche vers la réussite, Bernard Charlès, devenu depuis directeur général de Dassault Systèmes, pousse entre autres pour le développement de 3DExperience, une plateforme qui met en relation les entreprises à un écosystème de fournisseurs de services industriels, l'idée étant de « connecter non seulement les personnes mais aussi les idées, les données et les solutions au sein d'un environnement collaboratif unique ». Classé treizième patron le plus performant du monde en 2018 par la *Harvard Business Review*, Bernard Charlès reçoit le Grand Chaptal de l'industrie en 2023 pour l'ensemble de son œuvre.

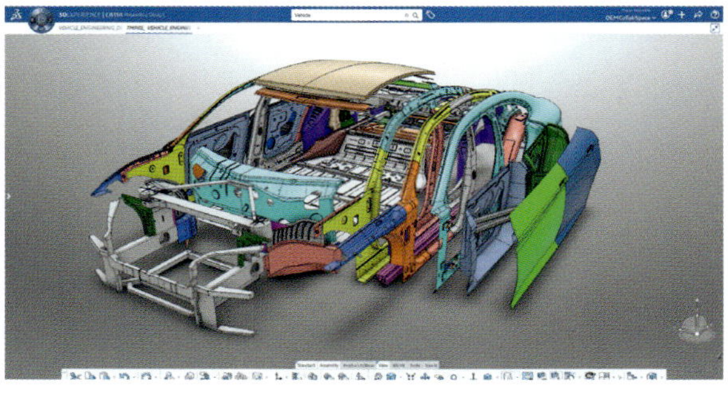

Un autre regard sur l'industrie

Porter « Un autre regard sur l'industrie ».: telle est l'ambition du Prix de la photo créé en 2018 par la Société d'Encouragement pour l'Industrie Nationale. Il invite les étudiants à livrer par leurs images un regard original sur l'industrie, les technologies et les savoir-faire, autour d'une thématique renouvelée chaque année. De « L'industrie au service des hommes » en 2019 à « La transition énergétique » en 2023, il s'agit de nourrir et de renouveler l'imaginaire autour des activités économiques, d'ouvrir de nouvelles perspectives au regard, de stimuler la créativité. Un jury associant experts de la photographie et du monde industriel sélectionne les lauréats.

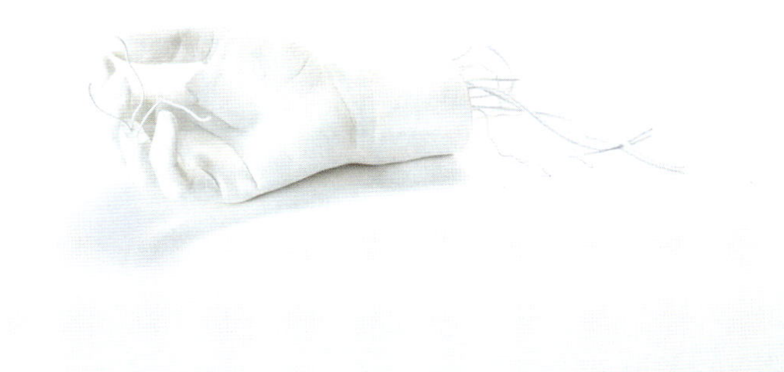

ÉDITION #1

2018
La photographie industrielle

COUP DE CŒUR DU JURY
Mathilde Fanet

Charlotte Fouillet

Thibault Lavallée

Paul Laborde

Tiphaine Orfao

ÉDITION #2

2019
L'industrie au service des Hommes

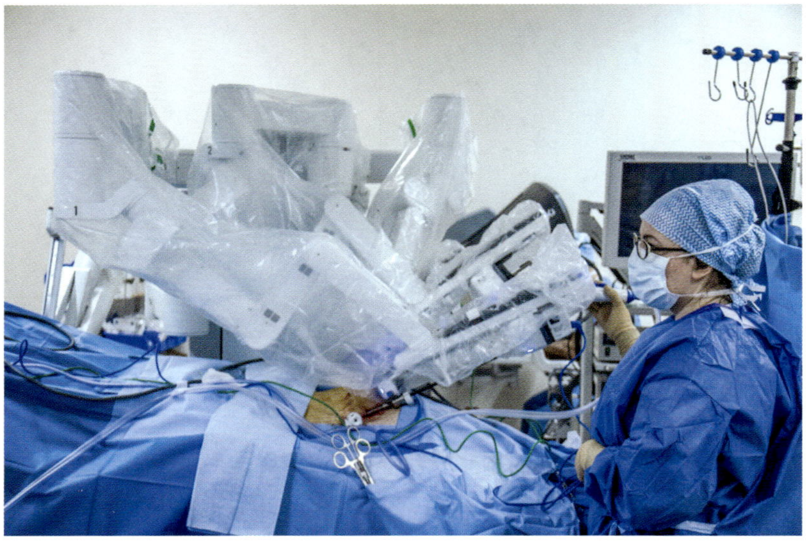

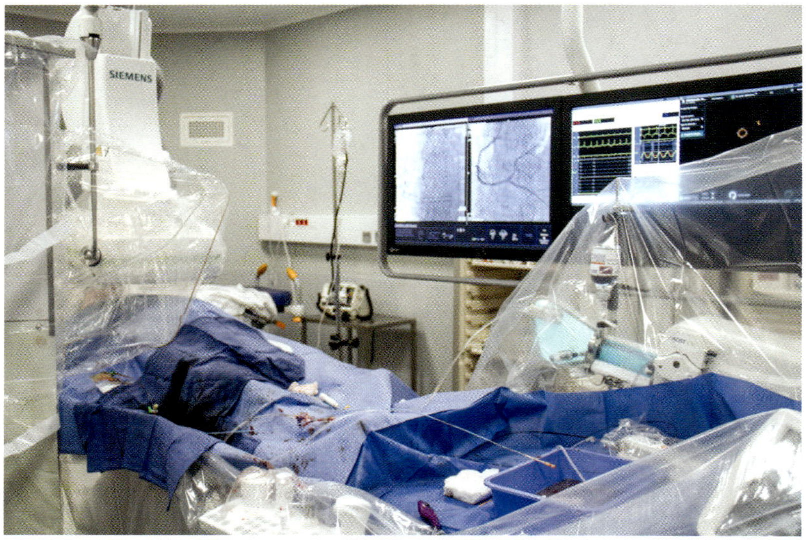

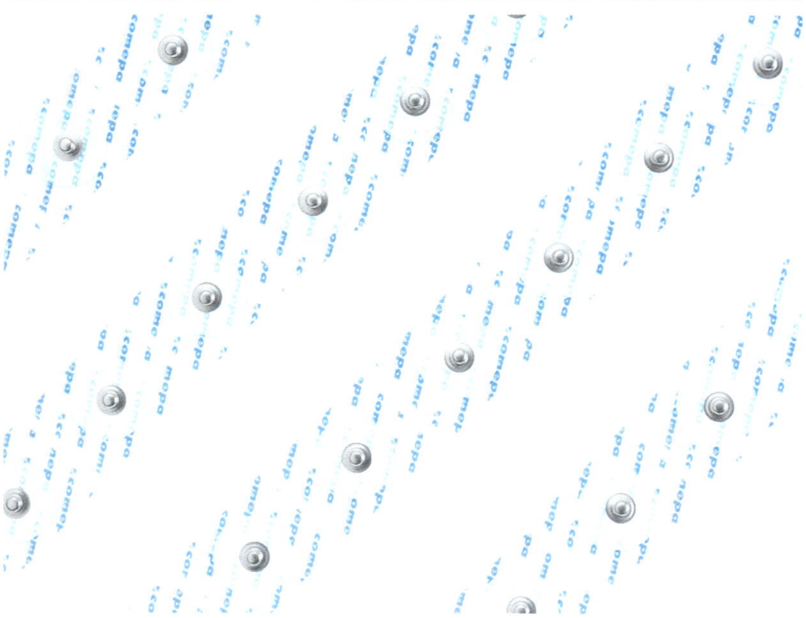

COUP DE CŒUR DU JURY
Camille Morelle

Lou-Anne Oléron

Lucile Joguet

Laura Thouzeau

Pierre Delegrange

ÉDITION #3

2021
Le savoir-faire en mouvement

COUP DE CŒUR DU JURY
Pierre Gourmand

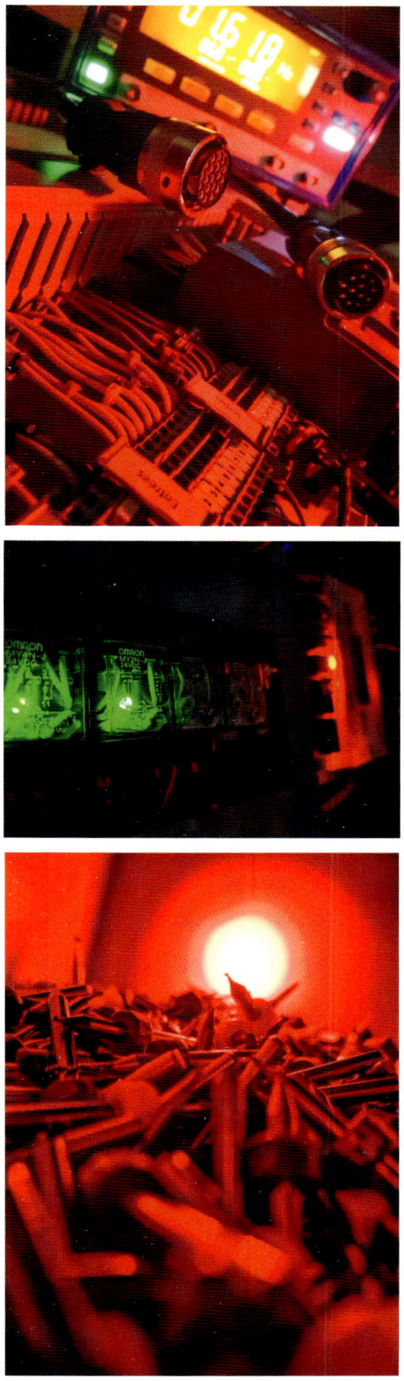

Arnaud Le Flem

Léo Crouzille

Pierric Cam

Tara Schmitt

ÉDITION #4

2023
La transition énergétique

COUP DE CŒUR DU JURY
Pierre Cathala

Adrien Riviale

Aymeric Louison

Axelle Leskerpit

Nathan Commereuc

Société d'Encouragement pour l'Industrie Nationale

www.industrienationale.fr 4, place Saint-Germain-des-Prés – 75006 Paris Tél. (33) 1 44 39 20 50

À lire

Benoit Serge, Emptoz Gérard et Woronoff Denis (dir.) *Encourager l'innovation en France et en Europe, Autour du Bicentenaire de la Société d'encouragement pour l'industrie nationale*, CTHS, 2006.

Benoit Serge, Blouin Daniel, Emptoz Gérard, « La Société d'encouragement pour l'industrie nationale, une institution bicentenaire au service de l'innovation », *Bulletin de la Société historique du VIe arrondissement*, nouvelle série n° 24, 2011, p. 139-150.

Blouin Daniel, « Aux sources de l'invention : la Société d'encouragement pour l'industrie nationale (années 1800-années 1930) », Histoire et Innovation [en ligne], mis en ligne le 3 février 2016.
http://histoiresein.hypotheses.org/709

Emptoz Gérard, « Φ La Société & Cie : un nouveau lieu d'échanges sur le patrimoine scientifique, technique et industriel », dans Alexandre Herlea et Marie-Sophie Corcy (dir.) *La Muséologie scientifique et technique*, CTHS, mis en ligne en octobre 2023.
https://books.openedition.org/cths/18116»

À consulter

Site de la Société d'Encouragement pour l'Industrie Nationale
www.industrienationale.fr/

Site du cycle et programme Renaissance industrielle
www.renaissanceindustrielle.fr

Site du Prix de la photo
https://photoindustrie.fr/#photo_indus

Site de la Commission Histoire
https://histoiresein.hypotheses.org

Site du cercle ΦLa Société et Cie
https://lasocieteetcie.home.blog

Site de la plateforme numérique CNUM du CNAM où sont numérisés les *Bulletins de la Société d'Encouragement* :
https://cnum.cnam.fr/pgi/redir.php?ident=BSPI

Baromètre « L'industrie en mouvement », 2023
www.industrienationale.fr/actualite/barometre-2023-renaissance-industrielle

À voir sur YouTube

Les cérémonies des prix de la Société d'Encouragement pour l'Industrie Nationale à suivre en mars pour le prix Montgolfier, en juin pour le prix Dermagne, en novembre pour le prix Chaptal sur la page YouTube de la Société d'Encouragement :
https://m.youtube.com/@societedencouragementpourl1014/videos

La Conférence sur l'histoire de la Société donnée le 20 septembre 2020, à l'occasion des Journées européennes du patrimoine.

La Conférence PDSI « Gustave Eiffel, ingénieur, entrepreneur : un modèle à suivre » donnée le 29 septembre 2023, à l'occasion du centenaire de sa mort.

À visiter

Journées du patrimoine. La SEIN ouvre depuis 2016 les portes de l'Hôtel de l'Industrie au public, qui la possibilité de découvrir l'histoire de la Société au travers de visites guidées organisées par des membres de la Commission Histoire. Les JEP de 2024 seront consacrées au bicentenaire de la reconnaissance d'utilité publique de la SEIN.

LE PRIX DE LA PHOTO est un concours concours annuel, ouvert à tous les étudiants de plus de 18 ans inscrits en école ou université française. Chaque étudiant souhaitant participer au concours doit soumettre à l'examen du jury une série de trois photographies réalisées sur la thématique de l'année. Les cinq finalistes seront départagés par un jury d'artistes et d'experts du secteur de l'image, à l'Hôtel de l'Industrie, place Saint-Germain-des-Prés à Paris. Les partenaires de la SEIN dans cette aventure sont : Gobelins, l'École de l'image, le laboratoire PICTO, Polka, Not a Gallery, l'Institut national des métiers d'art (INMA), l'Union nationale des présidents d'IUT (UNPIUT), le Groupe des industries métallurgiques (GIM), la Chambre de commerce et d'industrie de France et Energy Observer Foundation.

→ **Retrouvez les modalités du concours sur : https://photoindustrie.fr**

BeauxArts &Cie

Une publication de **Beaux Arts & Cie**
9, boulevard de la Madeleine 75001 Paris
Tél. 01 87 89 91 00
www.beauxarts.com
RCS Paris B 435 355 896
Commission paritaire 1123K 84 238

Éditeur **Claude Pommereau**
Coordination éditoriale **Marie-Hélène Arbus**
Création graphique **Aurore Jannin**
Iconographe **Alexandra Buffet**
Secrétaire de rédaction **Capucine Jahan**

Ont collaboré à ce numéro **Marie Ambayrac, Raphaël Turcat**

Nous tenons à remercier pour leur aide dans l'élaboration de cette publication **Daniel Blouin, Stéphanie Deschamps, Raphaëlle Dreyfus, Evelyne Sevin et Jordan Slimani**

Beaux Arts & Cie
Président **Frédéric Jousset**
Directrice générale **Solenne Blanc**
Directeur général délégué **Jean-Baptiste Costa de Beauregard**
Directrice des partenariats et directrice adjointe des éditions **Marion de Flers**
Responsable éditoriale **Solène de Bure**
Directeur artistique **Bernard Borel**
Responsable de projet partenariats et éditions **Charlotte Ullmann**
Cheffe de projets **Léa Schiavo**

ISBN **979-1-02040-902-7**
Dépôt légal **janvier 2024**
Photogravure **Key Graphic**, Paris
Imprimé en France

Diffusion libraires
Clients UD / Flammarion Diffusion
commandesclients@union-distribution.fr
Tél. 01 41 80 20 20

Autres librairies
Florence Hanappe / Amélie Fontaine
Tél. 01 87 89 91 09

Vente par correspondance
Beaux Arts magazine
4, rue de Mouchy – 60438 Noailles Cedex
Tél. 01 55 56 70 72
abo.beauxarts@groupe-gli.com

Crédits Couv © Olivier Dassault. P. 4 Photo Charlotte Badelon. P. 5 Photo David Giancatarina P. 6 © SEIN. P. 8 © Taillandier/Bridgeman Images.© Look and Lean/Bridgeman Images. Coll. musée d'histoire de la médecine, Paris/© Bridgeman Images. P. 9 © Christie's images/Bridgeman Images. P. 10 DR. © Penta Springs Limited/Alamy/Hemis. P. 11 © Keystone France/Gamma Rapho. P. 12 © Heritage images/Aurimages. P. 13 © Archives Charmet/Bridgeman Images. P. 14 © Stefano Bianchetti/Bridgeman Images. DR. P. 15 © akg-images. DR. P. 17 Photo David Giancatarina 2023. P. 18 © CNAM. Photo David Giancatarina 2023. Photo Maurine Tric 2023. P. 19 Photo David Giancatarina 2023. P. 20 © L'Illustration. © SEIN. P. 21 Photos Maurine Tric 2023. Photo David Giancatarina 2023. Photos Maurine Tric 2023. P. 22 © SEIN. Photos Maurine Tric 2023. P. 23 Photo David Giancatarina 2023. P. 24 Pictorial Press Ltd/Alamy via Hemis. P. 25 © akg-images. P. 26 DR. P. 27 © Jean Vigne/KHARBINE-TAPABOR. P. 28 Anonyme © Photo Josse/Bridgeman Image. © archives Charmet/Bridgeman Images. P. 29 © Fondation Vicat. DR. P. 30 © NPL - DeA Picture Library/Bridgeman Images. © Bridgeman Images. P. 31 © KHARBINETAPABOR. © Culver Pictures/Aurimages. P. 32 CCO Paris Musées Collections/Musée Carnavalet. P. 33-36 © SEIN. P. 37 Photos Maurine Tric 2023. P. 38 © Imagine Eyes. P. 39 © Naïo Technologies. P. 40 © Expliseats. © Renault Group. P. 41. © Doctolib. © Dassault Systems. P. 42 © Mathilde Fanet. P. 43 © Charlotte Fouillet. © Thibault Lavallée. © Paul Laborde. © Thiphaine Orfao. P. 44 © Camille Morelle. P. 45 © Lou-Anne Oléron. © Lucile Joguet. © Laura Thouzeau. © Pierre Delegrange. P. 46. © Pierre Gourmand. P. 47 © Arnaud Le Flem. © Léo Crouzille. © Pierric Cam. © Tara Schmitt. P. 48 © Pierre Cathala. P. 49 © Adrien Riviale. © Aymeric Louison. © Axelle Leskerpit. © Nathan Commereuc. P. 50 Photo David Giancatarina 2023.

CI-DESSUS

La façade de l'Hôtel de l'Industrie donnant sur la place Saint-Germain-des-Prés.